Was wäre, wenn wir die Welt nicht mehr nur mit den Augen der weißen Mehrheit sehen würden? Wenn die Menschen, die zu uns kommen, plötzlich eine Geschichte hätten und wir über die Buntheit unserer Lebenswelt nicht mehr aus dem Staunen herauskämen? Martin R. Dean führt uns mit der »Kreolisierung« seines Blicks in eine Welt, in der das Eigene untrennbar mit den fernen Heimaten verwoben ist. Er spürt den Echokammern des Andersartigen nach und verbindet, wie er es auch in seinen Romanen macht, das Fremde mit dem Eigenen. Er fragt, wie die Black-Lives-Matter-Bewegung subtil unsere Denkweise verändert hat oder welche Rolle die Architektur für das Heimatgefühl spielt. Was aus dem Fernweh wird, wenn der Massentourismus überall falsche Heimaten implantiert. Und wie verschieden das, was wir lieben, von uns selbst sein muss – damit wir es lieben können.

Martin R. Dean

In den Echokammern des Fremden

Essays

Atlantis

Alle Essays wurden für diese Buchausgabe
vom Autor durchgesehen und überarbeitet.

in der Kampa Verlag AG,
Hegibachstrasse 2, CH-8032 Zürich
info@kampaverlag.ch
www.atlantisliteratur.ch
GPSR-Kontakt: Schöffling & Co. Verlagsbuchhandlung GmbH,
Kaiserstraße 79, D-60329 Frankfurt am Main
info@schoeffling.de

Lektorat: Sarah Altenaichinger
Covergestaltung: Lara Flues
Coverabbildung: Inspiriert von einer Collage
von Henri Matisse, *Die Schnecke*, 1953
Satz: Tristan Walkhoefer, Leipzig
Gesetzt aus der Stempel Garamond LT / 1. Auflage 2025
Druck und Bindung: GGP Media GmbH, Pößneck
Auch als E-Book erhältlich
ISBN 978 3 7152 5809 6

Inhalt

II Die Kreolisierung der Schweiz

III Im Anderen daheim

IV Die Realität als Wunde

I

Porträt des jungen Mannes als Schriftsteller

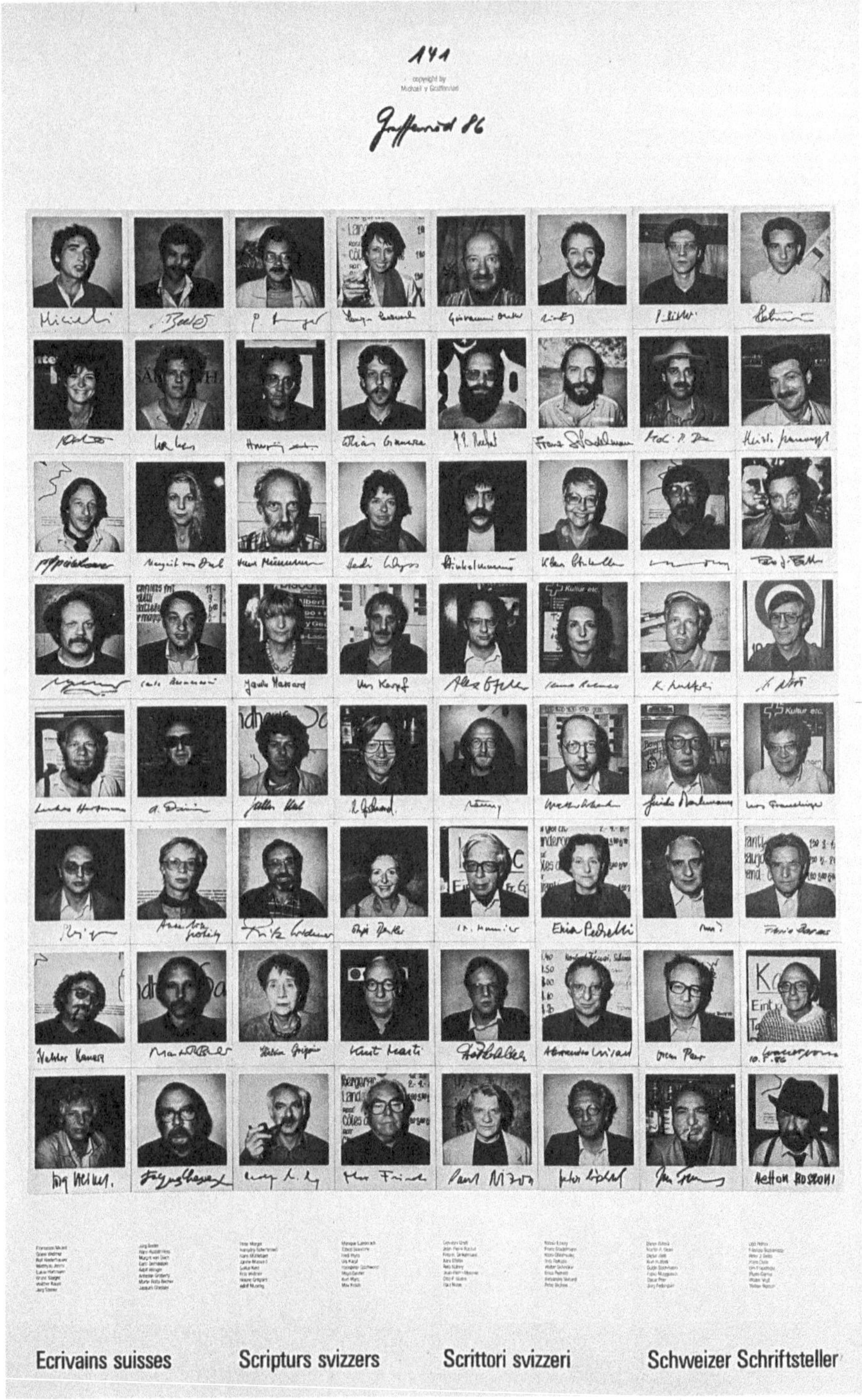

Foto: © Michael von Graffenried, espacemvg.com

Konterfei – Vier Jahre nach der Veröffentlichung meines ersten Romans tauchte mein Gesicht – inmitten schreibender Kolleg*innen[1] – auf einem Plakat auf, das seinen Ursprung an den Solothurner Literaturtagen hatte. War das der Beweis, dass ich nun Schriftsteller geworden war?

Das Plakat, das der Fotograf Michael von Graffenried mit Polaroidfotos seines Projekts »An die Wand gestellt« gestaltete, gleicht einem Fahndungsfoto der Schweizer Literaturszene: Die darauf Abgebildeten sind weiß, in der Überzahl männlich und haben viel Haar im Gesicht. Immerhin, ich war nun verdächtig, derselben Gilde anzugehören wie Rolf Niederhauser, Janine Massard, Reto Hänny oder Ilma Rakusa. Aber was hatte ich mit Adolf Muschg, Peter Bichsel oder einer Erica Pedretti gemein? Gehörte ich nun einfach zur Familie?

Natürlich ist es kein Familienfoto, obwohl es unter den Schreibenden zahlreiche Filiationen, Querverbindungen, Einflussnahmen und Lager, also viel Verwandtschaften und Animositäten gibt.

Von heute aus gesehen will mir scheinen, als hätte ich mich auf diesem Foto eher versteckt als gezeigt. Ich war der einzige *Farbige* unter den Schreibenden, aber das fiel gar nicht auf, weil die meisten auf den Polaroids etwas zerzaust und bohemienhaft dreinschauten. Ich tarnte mich mit einem dicken Schnurrbart und hätte ein Jenischer sein können. Oder ein Mexikaner, Grieche oder Spanier. Das Label *Schriftsteller* enthob mich weiterer Fragen.

Hatte ich je Schriftsteller werden wollen?

Wie wird man Schriftsteller, wenn man in einem bildungsfernen Arbeiterhaus, innerhalb einer bikulturellen Einwandererfamilie aufwächst? Woher nimmt man die Disziplin, Hunderte von Seiten vollzukritzeln, wenn es niemanden gibt, der es einem vormacht?

Mein Werdegang erscheint mir heute wie ein einziger Zickzackweg. Aber ist er nicht vielmehr geradlinig in seiner Notwendigkeit, den Verwechslungen zu entkommen?

1982 erschien in der Zeitung anlässlich der Publikation meines Romanerstlings *Die verborgenen Gärten* ein Foto von mir, und ich erschrak. Ich starrte auf das Bild und fragte mich, was die Leute denken würden, wenn sie das Gesicht dieses jungen, schnauzbärtigen und südländisch aussehenden Mannes sehen würden? Konnte einer, der so aussah, überhaupt als Schriftsteller gelten? Musste man über diese Anmaßung nicht lachen, so wie zehn Jahre früher ein Lehrer gelacht hatte, als ich auf die Frage nach meiner Herkunft mein Dorf im Wynental genannt hatte?

Ich empfand Scham.

Das Bild setzte sich in meinem Bewusstsein fest. Ich mied den Spiegel im Bad. Und dann stellte ich auf einmal fest, dass ich nicht mehr hinausgehen mochte. Wenn ich nach draußen ging, sah ich mein Gesicht in den Schaufenstern oder anderen spiegelnden Glasflächen. Ich schloss mich in der Wohnung ein und bat meine Freundin, die Einkäufe und Erledigungen für mich zu übernehmen, ohne dass ich mich ihr erklärte. Ich stand am Fenster wie einer, der Hausarrest hatte.

Ging ich dennoch hinaus, hatte ich das Gefühl, dass mich die Passant*innen erkannten und in mir einen sahen, der wider besseres Wissen Schriftsteller geworden war. Wenn ich durch die Straßen ging, schüttelten die Leute leise den Kopf oder drehten sich stirnrunzelnd nach mir um.

Ich hatte eine Blickphobie ausgebildet.

Fuhr ich über Land, dann nur mit vollgetanktem Wagen, um mich nicht den Blicken der anderen auszusetzen. Die ländlichen Zonen mit ihrer eingesessenen Bevölkerung, die auf alles Fremdartige abwehrend reagierte, wurden für mich No-go-Areas.

Hielt ich mich dennoch einmal auf dem Land auf, dann nur in Gesellschaft. Ging ich mit einem Freund spazieren, nahm ich mit Erstaunen wahr, wie frei er mit den Leuten sprach, wie selbstverständlich er in einem Wirtshaus ein Bier bestellte. Allein betrat ich keine Wirtshäuser. Ich fühlte mich von den Blicken am Stammtisch verfolgt, mir schmerzte schon nach kurzer Zeit der Nacken. Draußen bellten mich die Hunde an. Jahrzehntelang tauchten bissige Hunde in meinen Träumen auf.

Ich suchte einen Psychiater auf und war überzeugt, dass er mir, wie alle anderen, nicht glauben würde. Er würde meine Behauptung, wonach ich auf der Straße angegafft wurde, als Einbildung abtun. Ich schilderte ihm, wie ich an der Kasse des Supermarktes abschätzig behandelt wurde, wie mir Leute mit dem Einkaufswagen in die Beine fuhren. Oder wie ich an der Theke des Metzgers oder in einer Bar unsichtbar wurde. Ich sagte ihm, dass es mir mein Selbstverständnis raubte, dauernd auf Englisch angesprochen zu werden.

Er hörte mir ebenso verwundert wie aufmerksam zu. Mit der Zeit entnahm ich seinem gelegentlichen Nicken, dass er mir glaubte. Dabei ging es mir doch keineswegs leicht von den Lippen, von solchen Dingen zu erzählen.

Schließlich überraschte er mich mit der Frage, warum ich mir das alles gefallen ließe. Warum ich mich nicht gegen diese Anfeindungen wehrte. Ich war perplex und wusste nichts zu antworten.

Aber sein Einwand wühlte mich auf. Nach dieser Sitzung war mir so, als wäre eine schwerwiegende Diagnose widerrufen worden. Die Decke der Depression war durchlöchert, die Sonne schien durch die Ritzen. In der ersten Bäckerei, an der ich vorbeikam, kaufte ich mir ein Schokoladenbrötchen, und der dunkle, süße Geschmack an meinem Gaumen erfüllte mich mit einem Wohlgefühl.

Die Fußfesseln, als die ich den gegen mich gerichteten Rassismus empfand, waren nicht mehr so schwer, wenn andere sie wahrnahmen oder gar beim Tragen halfen. Manchmal hatte ich die Fesseln kaum gespürt, dann wieder hatten sie mich nicht nur am Vorankommen, sondern am aufrechten Gang gehindert. Ich war mir bewusst, dass es Millionen gab, die mit diesen Fußfesseln leben mussten.

Der runde Ball ist noch lange kein Globus – Meine Jugendzeit in den Jahren 1966 bis 1976 verbrachte ich in der Kantonshauptstadt, wo ich die Bezirksschule besuchte und dem lokalen Juniorenfußballverein beitrat. Mit dem schwarz-weißen Trikot und den mit Noppen versehenen Kickerschuhen glich ich einem jener nicht weißen Fußballer, die nun immer häufiger im Fernsehen zu sehen waren. Es verstand sich von selbst, dass ich dem Fußballverein beitrat – nicht dem Gesangsverein, nicht dem Tennisclub oder dem Naturschutzverein, in denen es keine *Ausländer* gab.

Da ich wegen meines Aussehens im Ruf stand, auf dem Feld schnell und gefährlich zu sein, sorgten die Trainer der gegnerischen Mannschaft immer dafür, dass ich gut bewacht wurde. Es war ein schmeichelhaftes Vorurteil, denn in Wahrheit war ich ein mittelmäßiger und lahmer Spieler, nur balltechnisch einigermaßen versiert. Aber das Vorurteil passte in das Narrativ, nach dem wir alle nicht weißen Spieler als Ausnahmekönner einschätzten. Eusébio, der Star am portugiesischen Fußballhimmel, wurde von den Sportreportern immer *Schwarzer Panther* genannt und brachte, so schien uns, genau diese animalische Geschmeidigkeit mit seinen Dribblings zum Ausdruck. Meine Freunde behaupteten steif und fest, dass Schwarze andere Muskelfasern besäßen als Weiße und deshalb schneller laufen könnten. Bilder, die mich im Mannschaftsdress zeigten, lösten oft den Aufruf *rassig* aus. Ist ein *rassiger* Kerl einer, der gut aussieht, oder doch einer, der einer anderen *Rasse* angehört?

Ich blieb im Juniorenfußballclub allerdings lange der einzige *Farbige*. Ein Junge aus der Nachbarschaft rief mich *Kongo*, sobald ich den Rasen betrat; auch er hielt mich für einen besonders gerissenen Spieler. Als ich ihm diesen peinlichen Übernamen auszureden versuchte, wechselte er die Anrede: Nun nannte er mich *Stift*. Damit aber bezeichnete er mich gerade als das, was ich nicht war: als Lehrling. Der Lehrling war er, ich aber ging auf die Bezirksschule, was er sehr wohl wusste. Dass der Stift dennoch einmal zu meinem Arbeitsutensil wurde, konnte er nicht ahnen.

Ich war vierzehn oder fünfzehn Jahre alt, als ich ein Vorbild fand. Nicht Eusébio aus Portugal, sondern Raimondo Ponte, der, wenig älter als ich, mit seiner Mutter aus Neapel in die Schweiz gekommen war und kurzzeitig in meine Mannschaft eintrat. Ponte spielte einen eleganten Fußball; er konnte sehr schnell rennen, ohne dass seinem Körper die Anstrengung anzusehen war. Fintenreich drehte er seinen Körper durch die Abwehrreihen, wobei der Ball beim Dribbeln förmlich an seinem Fuß zu kleben schien. Ponte war einer der ersten, der damals beim FC Aarau *Wunderkind* genannt wurde. Sein aus Italien eingewanderter Vater war als Schuhmacher nach Windisch gezogen, bis Raimondo 1963 in die Schweiz nachzog und zum ersten Mal das Wort *Tschingg* hörte. Die Schweiz hatte sich bereits an die Gerüche der italienischen Küche gewöhnt, und an die scheinbare Emotionalität der Südländer, die in fortschrittlichen Kreisen als *feuriges* Temperament durchging. Doch dann, 1968, reichte James Schwarzenbach von der *Nationalen Aktion* seine *Initiative gegen die Überfremdung von Volk und Heimat* ein, und die Stimmung gegen die Ausländer kippte ins Aggressive.

Die Initiative und die darauffolgende Abstimmung ließ die bereits fremdenfeindliche Atmosphäre in Hass, Beschimpfung und Gewaltausbrüche ausarten. Der Historiker Thomas Buomberger beschreibt das typische Stammtischgespräch der damaligen Zeit so:

> *Es ist eine verdammte Lüge, wenn immer wieder behauptet wird, wir hätten diese Fremdlinge als Dauerniederlasser nötig. Es gab einfach mal eine Schweiz ohne dieses Gesindel. Die Fremden gehen uns so lange nicht auf die Nerven, als sie Kanalisationsgräben ausheben, Fenster putzen und in Großrestaurants Gläser und Teller spülen.*[2]

Ich hielt mich für einen Teil der *Überfremdung*. Die italienischen Mitbürger*innen, auch die Familie von Raimondo Ponte, wurden durch die Stimmung im Land angegriffen. Dass sich abgesehen von mir auch alle *Gastarbeiter*innen* nicht mehr willkommen fühlten, lag auf der Hand. Während Ponte auf dem Fußballplatz *bella figura* machte, stagnierte sein Körperwachstum, was die Öffentlichkeit zur Frage veranlasste, ob er *zu Hause wohl zu wenig zu essen kriege.*[3] Pontes Vater besuchte daraufhin den Fußballplatz nicht mehr. Vom späteren Nationaltrainer Köbi Kuhn, der offenbar Spieler mit Migrationsgeschichte gern auf der Ersatzbank ließ, erzählte Ponte, dass er ihn stets zu verunsichern suchte. *Ich dachte, du läufst mehr*, soll er zu ihm gesagt haben. Köbi Kuhn wurde später, als Trainer der Nationalmannschaft, zu *Köbi National* erkoren. Ponte selbst machte Karriere, indem er den FC Aarau verließ und zum Verein Grasshoppers ging, danach Schweizerischer Nationalspieler und zuletzt Trainer und Sportchef wurde.

Wer die Unwillkommenskultur der Schweiz ebenfalls zu spüren bekam, war die italienische Familie Cesare, deren vierjährige Tochter Paula von meiner Großmutter gehütet wurde. Sie alle saßen auf gepackten Koffern, um bei der Annahme der Initiative das Land zu verlassen. Die *Schwarzenbach-Initiative* vergiftete das Jahrzehnt, indem sie die Bevölkerung in zwei Hälften teilte, von denen die eine unzweifelhaft nicht in unser Land *gehörte*. Um der *Überfremdung* einen Riegel zu schieben, verlangte die Initiative, dass der Ausländeranteil in der Schweiz 10% nicht übersteigen dürfe. Bei Annahme hätten 350000 Arbeiter*innen das Land vom einen Tag auf den anderen verlassen müssen. Darüber wurde im Vorfeld mit kruden, rassistischen Argumenten gestritten, denn viele hielten die Italiener für faul, unsauber und diebisch. Den Blicken und Äußerungen vieler Einheimischer konnte ich entnehmen, dass sie auch mich für faul, unsauber und diebisch hielten.

Tagebücher – Mit sechzehn trat ich aus dem Fußballclub aus, ließ mir die Haare wachsen und rauchte die erste Zigarette. Ich begann Tagebuch zu schreiben. Daraus wurde schnell ein morgendliches Ritual. Täglich saß ich vor den leeren Seiten und schrieb auf, was sich ereignet hatte oder was mir aufgefallen war. Hatte ich eine Seite gefüllt, glaubte ich gelebt zu haben. Schreibend schaute ich in den Spiegel. Das Ich, das ich entwarf, war im Vergleich zum Abbild, das mir im realen Spiegel entgegenschaute, unscharf, vage und durchlässig, also insgesamt erträglich. Allmählich wuchs ich beim Tagebuchschreiben mit mir zusammen, komplettierte meine Identität. Mit wachsender Übung gingen Tagebucheintragungen, Reisenotizen und Lektürekommentare ineinander über. Ich brachte mein Leben in eine andere Form, kreierte mir eine zweite Existenz. In den Aufzeichnungen ging ich auch ins Gericht mit mir, haderte mit Entscheidungen und jammerte drauflos. Das Tagebuch war Zeuge für und gegen mich, es beglaubigte die Echtheit des Erlebten. Hatte ich vergessen, etwas festzuhalten, war es nicht passiert. Das Tagebuchschreiben schuf Realität.

Im Tagebuch wurde der Außenblick auf mich manifest. Ich war jetzt jemand, der sein Leben unter stete Beobachtung stellte. Damit gewann ich Distanz gegenüber den Zuschreibungen. Das Tagebuchschreiben verhandelte die Zuschreibung, entwarf ein mögliches, denkbares eigenes und alternatives Ich. Aber es entfernte mich natürlich vom direkten Leben und bescherte mir das Joch einer lebenslänglichen Zögerlichkeit.

Aus den Tagebuchnotizen wuchsen nebenbei Kurzgeschichten, kuriose Parabeln, absurde, kafkaeske Beschreibungen und monströse Phantasiestücke. Im Gymnasium trat ich mit diesen Stücken an meinen Deutschlehrer heran. Christoph S. hatte meine Klasse zur Lektüre von Thomas Manns *Tonio Kröger* geführt, und es war unschwer auszumachen, dass er mich mochte. Er war Mitte dreißig und trug meistens einen dicken, formlosen roten Pullover und eine Brille mit schwerem Rand. Wie ein Unidozent schritt er zwischen den Schulbänken auf und ab, so geradlinig, dass man befürchten musste, er hinterlasse einen Graben im Parkett. Er war anders als andere Lehrer, kein Prahler und kein Machtmensch, kein Blender und keiner, der sich selbst inszenierte. Er flüsterte, er nuschelte, aber was er sagte, hörte sich immer wie eine Anklage gegen *das Establishment* an. Christoph S. war unser Verbündeter. Eben erst von einer zehnjährigen Anstellung in Kairo zurückgekommen, hatte er Mühe, sich in die Schweizer Gesellschaft einzugliedern. Er lebte mit einer Balletttänzerin zusammen, die über Georg Simmel dissertierte. Meine Geschichten gefielen auch ihr.

Nach bestandener Matura würde mir Christoph S. einen Roman schenken, der zu meinem Lieblingsbuch würde: Hans Henny Jahnns *Perrudja*. Ich würde mit einem Freund nach Florenz fahren, das Buch in meinem Rucksack. Während der langen Fahrt würde ich ununterbrochen lesen, ebenso in den verrauchten Bahnhöfen, auf harten Parkbänken und nachts im Bett. Während mein Freund die Stadt erkundete, wäre ich in einer anderen Welt unterwegs, in der Welt des schwachen, aber phantasievollen Menschen:

In diesem Buch wird erzählt ein nicht unwichtiger Teil der Lebensgeschichte eines Mannes, der viele starke Eigenschaften besitzt, die dem Menschen eigen sein können – eine ausgenommen, ein Held zu sein. Manche Leser werden deshalb herausfinden, die männlichen Züge haben nur eine schwache Prägung an ihm gefunden. (...) Da es nunmehr entschieden ist, dass ich die Geschichte des mehr schwachen als starken Menschen schreibe; und manche vielleicht willens sind, trotz der mehr ungewissen als gewissen Moral zu lesen, wird die Forderung gegen mich erstehen, den Feigling, wie man sagen wird, oder den Untüchtigen, mit dem Beginn seines Eintritts in das Leben zu schildern.[4]

Ich würde mir einbilden, dieser Untüchtige zu sein. Ich bin, würde ich mir sagen, dieser schwache Mensch. Ich würde auf der Pritsche einer billigen Pension in Florenz liegen, draußen klatschte der warme Regen aufs Dach, der Geruch gerösteten Kaffees läge in der Luft – und würde gleichzeitig im hohen Norden sein, bei den Abenteuern Perrudjas, verliebt in seine Geliebte Signe. Am Ende des Urlaubs würde ich mich *mehr schwach als stark* fühlen.

Folgerichtig würde ich ein Studium der Deutschen Literatur beginnen. Noch einmal sechs Jahre später würde ich die Universität mit einer Magisterarbeit über Hans Henny Jahnns Roman *Perrudja* abschließen: »Der Tanz des Lebens im Schatten des Todes. Die Strategien von Körperhaltung und Identitätsverlust in Hans Henny Jahnns Roman *Perrudja*«. Und ich würde sie bei dem Mann einreichen, der die Arbeit *verschuldet* hatte: Christoph S., der nicht mehr mein Gymnasiallehrer, sondern jetzt mein Dozent an der Universität wäre. Und der darauf drängen würde, dass ich mich dem Schreiben zuwenden sollte.

Der Postbote – Als Student hatte ich mich schon weit von meinem illiteraten Ursprungsmilieu entfernt. Mit elf war ich von meinem Dorf im Wynental in die Kantonshauptstadt gezogen und damit der Enge meines Großelternhauses und dem Tabakstaub entkommen. Ich wurde nun der Sohn meines Stiefvaters, des Oberarztes an der

Klinik. Teil der Mittelschicht, in deren Alltag ich hineinwuchs. Mein Leben als vermeintlicher Arztsohn währte indes nur bis zu den Sommerferien des zweiten Jahres der Bezirksschule, als meine Freunde aus Amsterdam mit langen Haaren und den Uniformen von *Sgt. Pepper's Lonely Hearts Club Band* zurückkehrten. Ihr Anblick gab mir einen Stich, ich ließ mir ebenfalls die Haare wachsen und kaufte mir einen ausgeblichenen Regenmantel, hörte Jimi Hendrix und rauchte Haschisch. Damit stieg meine Beliebtheit bei den Mädchen in dem Maße, wie sie bei den Lehrern sank. Meine *langhaarigen Freunde* lehnten alles Patriotische als spießig ab, aber aus einem anderen Grund als ich. *Sie* wollten sein wie die Hippies, die sie im Fernsehen gegen den Vietnamkrieg protestieren sahen. Ich wollte nur weniger auffallen. Es fühlte sich besser an, den Schimpftiraden der Lehrer oder des Hauswarts als Langhaariger denn als *Ausländer* ausgesetzt zu sein. So hörten meine Freunde und ich die Musik von Woodstock und fuhren am Wochenende in ein Appenzeller Bauernhäuschen, um unseren Träumen einer klassenlosen Gesellschaft nachzuleben.

Im Urlaub arbeitete ich als Postbote. In der Morgendämmerung, noch zur Nachtstunde, holte ich die Postsäcke am Bahnhof aus dem Zug – wie die Posträuber es in dem gerade laufenden Kultfilm *Gentlemen bitten zur Kasse* gemacht hatten –, um sie dann, sortiert nach Straßen, in die Briefkästen der Häuser zu werfen. Es war eine romantische Arbeit, denn ich stellte ja auch Liebesbriefe zu. Ich erfreute die Empfänger*innen, indem ich mit Geschenkpaketen an den Haustüren klingelte oder einer alten Frau die monatliche Rente brachte, was sie mir mit einem *Schoggistängeli* vergalt. Auf meiner Route lag auch das Haus meiner damaligen Freundin. Madeleines Küsse vom Vorabend begleiteten mich auf meiner morgendlichen Tour. Ihr Vater war ein *hohes Tier* im Militär und hielt einen scharfen Hund. Als ich aus Angst vor dem Hund einen militärischen Einrückungsbefehl statt in den Briefkasten vor die Türschwelle warf und der Brief in hohem Bogen abseits im Gebüsch landete, sodass der Oberst seine Pflicht versäumte, war es mit meiner Karriere bei den eidgenössischen Post-, Telefon- und Telegrafenbetrieben vorbei.

Im letzten Jahr vor der Reifeprüfung zog ich in das mit Büchern vollgestellte Haus meines Freundes Reinhard, dessen Vater Deutsch- und Philosophielehrer und dessen Mutter Philanthropin war. Ein Künstler-Dichter-und-Denker-Haus, in dem ich am Mittwochnachmittag an einem Philosophiekränzchen teilnahm. Es war meine erste Berührung mit einer Familie, in der Bildung und Literatur selbstverständlich waren, in der die Namen der Dichter und Dichterinnen beim Mittagessen ganz selbstverständlich fielen und Bücher befreundeter Schriftsteller*innen diskutiert wurden. Im großelterlichen *Tubakhuus* meiner Kindheit hatte es keine Bücher gegeben, außer der Bibel meiner Großmutter Erna Meta und dem *Eulenspiegelkalender*. Hier nun drehten sich die Gespräche um Romane, um Briefwechsel, Epochen und ihren Stil, um die Prägung, die Kultur zum Lebensinhalt machte, es ging um den Sinn von allem. Und der Sinn, das war das Credo in diesem Haus, bestand nicht im Überleben, sondern im Nachdenken über das richtige Leben.

Animula vagula blandula – Das Gymnasium war ein einziges Versprechen auf mehr Denkfreiheit. Das Denken, dessen ich mich in einigen Fächern befleißigen musste, konnte die alltäglichen Einschränkungen überwinden und den beengenden Griff meiner Herkunft lockern; im Reich des Geistes war alles vorläufig und verhandelbar.

Die Gipfel dieser denkerischen Selbstermächtigung bildeten die Lateinstunden, in denen wir die Verse von Kaiser Hadrian, *Animula vagula blandula / hospes comesque corporis*, durchnahmen. Meine Klasse hatte diese Verse nach dem Willen des Lateinlehrers auswendig lernen müssen, *par cœur*, wir mussten sie Silbe um Silbe durchkauen, wir mussten sie riechen, hören, schmecken und atmen. Wir mussten die Verse tanzen. Der Meister dieser extravaganten Zeremonien war ein mageres Männchen, das seine chronischen Rückenschmerzen und seine schwächliche Körperkonstitution mit einem schelmischen Lächeln überspielte, dessen Bewusstsein ungeheure Welten in sich barg. Sein Spott über alles Körperliche, das uns, wie er behauptete, nur begrenze, verblüffte mich dermaßen, dass ich selbst meine wiederkehrende Kränklichkeit vergaß.

Bei diesem Lateinlehrer, dessen Bruder ein bekannter Schriftsteller war, war das Denken hohe Kunst; es war wie fliegen und tauchen. Es bedeutete, ein Experimentierfeld der Selbstauslegung und des Weltverständnisses zu entfalten. Gelangte ein Schüler oder eine Schülerin nach einem langen Weg des Nachdenkens zu einer Erleuchtung, quittierte er dies mit einem knappen, begeisterten Ausruf und machte eine Pirouette.

Stets das *Wesentliche* im Blick, spürten wir dem Kern der Dinge nach. Das Leben war voll von Überflüssigem und Irrwegen. Zu sich selbst gelangte man nur durch die Anstrengung des Denkens, dessen sich nun jeder und jede in der Klasse befleißigte. So erlebte ich Stunden voller Konzentration: Heidegger kam zu Besuch, Hölderlin saß in der hintersten Bank, und die beiden Großen, Vergil und

Horaz, spazierten am Fenster vorbei. Schließlich näherte sich der Zeitpunkt, wo wir drei Wochen lang nur noch diese berühmten Hadrian'schen Verse unter die Lupe nahmen, bis wir in ihnen *wohnen* konnten. Diese Lektionen wurden zum Kunstwerk, getaktet und strukturiert nach unseren geistigen Fähigkeiten. Wie aufregend das war, eine Erkenntnis zu haben und zu begreifen, wie andere Jahrhunderte vor uns gedacht hatten! Wir begriffen: Denken konnte uns und die Welt verändern. Denken war der Königsweg zu unserem Selbst.

Phantasie an die Macht – Die Ausbildung eines Innenraums der Phantasie wäre ohne den örtlichen Filmclub undenkbar gewesen. Seine wöchentlichen Treffen fanden in einem düsteren, mit Plüschsesseln ausgestatteten Kino statt. Dort sah ich *Tod in Venedig* von Visconti und spürte die Kraft einer Sphäre, in der es nur um die Anziehungskraft des Schönen ging. Die Protagonisten verzehrten sich nach etwas Imaginärem, das nur in ihrer Einbildung existierte. Tarkowskis *Stalker* gewährte mir Einlass in eine menschenleere, phantastische und geheimnisvolle Zone der Introspektion. Es ging in *Stalker* um etwas Namenloses, das die Grenzen meiner Vorstellungskraft sprengte, ja, vielleicht ging es um nichts anderes als um die Macht der Phantasie an sich. Die Filme blieben nicht auf der Leinwand, sondern sickerten in den Alltag ein; auf dem Weg zur Schule war ich in der »Zone« unterwegs, und wenn ich mich mit den Hausaufgaben abmühte, wälzte ich mich gleichzeitig im Sand des Death Valley aus *Zabriskie Point*.

Danach standen die Filme von Alain Tanner und Claude Goretta auf dem Programm. Die Menschen in diesen Filmen sahen aus wie wir, hatten lange Haare, trugen alte

Regenmäntel, rauchten ununterbrochen, tranken billigen Wein und diskutierten nächtelang über das bessere Leben. Sie rebellierten gegen das Spießertum, und wir holten bei ihnen ein Lebensgefühl ab, das zu unserem Alltag passte. Auch wenn noch keine nicht weißen Figuren in diesen Filmen vorkamen, wären sie innerhalb des Gezeigten denkbar gewesen; *People of Color* – sogenannte PoCs – hätten sich in diesen Filmen wohlgefühlt. Es waren Filme, die mich *farblos* machten, es gab keinen Unterschied mehr zwischen meinen Freunden und mir. In diesen Westschweizer Filmen tauchte zum ersten Mal eine unordentliche Schweiz auf, in deren Häusern die Aschenbecher voller Kippen waren und auf deren Straßen klapprige Occasionsautos fuhren. Tanners Städte waren grau, öde und glanzlos, aber in den Augen der Filmrebellen leuchtete die Lebenslust nur umso intensiver.

Die Filmhelden wurden unsere Alltagshelden. In *Der Salamander* sahen wir zum ersten Mal, wie ungerecht werktätige Menschen behandelt wurden, und meinten zu begreifen, was es heißt, ausgebeutet zu werden. Die hübsche Nomadin Rosemonde, die das Fleisch wütend und trotzig aus der Wurstmaschine quellen ließ, beharrte trotz widriger Arbeitsbedingungen auf ihrer Würde. Sie blieb schön in ihrer Widerständigkeit und ihrer Sturheit. Ihre beiden Liebhaber Paul und Pierre, einer davon Jean-Luc Bideau, waren unsere Idole. Wenn Bideau in *Die Einladung* von Goretta durch den Garten tanzte und seine Bürokolleg*innen auf die Schippe nahm, hob er die Unterschiede zwischen *nicht weiß* und *weiß* auf und ersetzte sie durch *spießig* und *alternativ*. Bideaus Lebenslust verspottete die bigotten Lebensformen und sprengte das Korsett der Klassengesellschaft. Dass es auch andere Lehrer gab als verklemmte Musterschweizer, sah man im

Film *Jonas, der im Jahr 2000 25 Jahre alt sein wird* dank der Figur Paul, der beim Tranchieren einer Leberwurst den Marxismus erklärte. Und als *Die Rückkehr aus Afrika* in die Kinos kam, begeisterten uns Françoise und Vincent, die statt nach Afrika auszuwandern in ihrer leer geräumten Wohnung blieben und sich liebten. Ihre Lust auf das Fremde hatten sie in die Lust auf ihre Körper verwandelt.

Love Letters – Mitten in diesen Bilderrausch brach die Liebe ein. Ich begegnete L. und machte meine erste sexuelle Erfahrung. Ich lernte L. während der Skiferien in Kandersteg kennen, und statt uns auf die Bretter zu stellen und die Hänge hinabzusausen, verschwanden wir in ihrem Schlafzimmer und sahen fünf Tage lang den tanzenden Schneeflocken vor dem Fenster zu. L. war die Cousine meines Freundes Beat, der, wie es in der Klasse hieß, in allem weiter war als wir. Ein mutiger Rebell voll boshafter Einfälle, der die Lehrer mit seinen Eskapaden zur Verzweiflung trieb. Später wurde er Delphin- und dann Löwendompteur.

Ich saß bei Beats Cousine L. im abseits vom Elternhaus gelegenen Holzverschlag, wir hatten eine Flasche Wein geöffnet und redeten und redeten, draußen fiel dichter Schnee, bis sich L. plötzlich über mich beugte und mir mit einem Kuss den Mund verschloss. Bis dahin hatte ich noch niemanden geküsst. Was überfiel mich hier Unerhörtes, Ungestümes und Unerklärliches? Das Küssen, ja, das Küssen mit L. ging erst mal wie von selbst. Unsere Lippen fanden ohne Anleitung zueinander, unsere Zungen tasteten sich in die Mundhöhle des anderen, und allmählich versank ich in einer kribbeligen Verwirrung, einem feinen Hagel von Glückmomenten. Dass L. ihre Zuneigung zu mir so offen zeigte, hatte ich nicht geahnt. Wir wälzten uns angestrengt auf ihrem Bett, schöpften zwischendurch Atem, setzten uns auf und redeten weiter, zündeten Kerzen an und schmusten wieder, alles in einer Endlosschlaufe von »Let It Bleed« von den Stones. Höre ich dieses Stück heute, werde ich wie ein Photon in jenes Holzzimmer zurückgebeamt, rieche wieder die Holztäfelung, sehe den fallenden Schnee vor dem Fenster und spüre die Spinnweben von L.s roten Haaren in meinem Gesicht.

Fünf Tage und Nächte dauerte diese Expedition, in der ich durch den Stoff jeden Zentimeter ihrer Haut erkundete, wo sie mich in eine synästhetische Verwirrung küsste, in eine delirante Verschmelzung: *Take my arm, take my leg, bleed on me …*

Wofür ich mich damals schämte? Für meine Unerfahrenheit. Als ich L. beim Abschied fragte, ob sie jetzt ein Kind bekommen würde, schüttelte sie sich vor Lachen und sagte, da müsse schon mehr passieren. Erheblich mehr!

Es war das Jahr 1970, die Beatles sangen »Let It Be«, Jimi Hendrix starb, und *The Sun* in Großbritannien steigerte die Auflage mit dem Abdruck eines nackten *Page Three Girls.* Von all dem nahm ich keine Notiz mehr, denn die Liebe war eine Raumkapsel, die mich ins All trug und die Erde immer kleiner werden ließ. L. und ich schrieben uns leidenschaftliche Briefe, aber es kam zu keiner Begegnung mehr. Sie erzählte von Plänen, wollte die Schweiz verlassen, das Abenteuer des Ausreißens hatte sie gepackt. Wir sehnsüchtelten einander eine Weile nach, selbst dann noch, als sich ihre Liebesbriefe mit denen anderer Mädchen zu kreuzen begannen. Eine Mitschülerin war unerwartet von Beat schwanger geworden, sie türmten mit der Klassenkasse auf die Isle of Wight. Er wurde von Interpol aufgegriffen, aus der Schule geworfen und begann seine Karriere als Tierdompteur.

Heute besitze ich noch immer einige Schachteln mit Liebesbriefen. Rosarote, himmelblaue, signalorange, blutrote, gras- und froschgrüne Umschläge, die beim Anfassen auseinanderfallen und manchmal eine goldfarbene oder silberleuchtende Innenseite zeigen. Meist fehlt das Datum, zuweilen ist nur eine Uhrzeit angegeben. Oft fehlt auch die Unterschrift, dafür steht ein Kürzel am Seitenrand, oder ein Herz oder ein Kosename. Dutzende in geschwungener, steifer, akkurater, mitunter pedantischer Handschrift verfasste Episteln, die die große Liebe heraufbeschwören oder ihren Verlust beklagen. Worte wie Küsse, Worte wie Tränen. Heute kommt es mir vor, als hätte ich nichts anderes gemacht als diese Stürme im Wasserglas zu durchleben. Auf parfumduftende Kartons geschriebene Sätze zu entziffern, in Couverts gesteckte Haarbüschel herauszuklauben, während mich in Briefecken der Kussabdruck roter Lippen neckisch anschaute. Nie hätte ich mich damals über hypertrophe Formulierungen wie: *Je t'aimerai jusqu'à ce que le monde casse* gewundert, das Übertreiben gehörte zu den Liebesbriefen wie ihre haptische Materialität.

Herzensschriften – so nannte man Liebesbriefe im 18. Jahrhundert – hatten ihren ersten Höhepunkt in der Romantik, in der Frauen lesen und schreiben lernten und in der Romane wie Goethes *Werther* zur Bildung der Herzen beitrugen. Die mit der Alphabetisierung in Gang gebrachte Herzensbildung aber war nur *ein* Aspekt jener bürgerlichen Innerlichkeit, mit dem sich jeder Schreibende auf den Weg zu sich selbst machen musste. Für mich waren sie ein Kick für meine Imagination, eine bei Kerzenlicht betriebene Meditation, um so nahe wie möglich bei und mit der Geliebten sein zu können. Übungen in Empathie.

Lese ich meine Episteln und die der fünfzehn- bis achtzehnjährigen Verfasserinnen als Versuche, eine eigene

Sprache der Liebe zu finden, werde ich ihnen gerechter. Dann gewinnen die Sätze wieder etwas von jener raschelnden Verschwiegenheit, die die Berührung der Hände beim Durch-die-Nacht-Wandern hatte. Und der kitschige Kussabdruck ruft den Geschmack der Lippen wach und die Ohnmacht, dass man mit Worten doch nicht alles ausdrücken konnte.

Nach der Liebeswoche mit L. hatte ich so etwas wie das Eintrittsbillett ins Liebesleben gewonnen. So sah ich das. Denn auch unter uns Jungen galt: Je mehr Erfahrung du hast, desto höher dein Kurswert. So brach sich an der Schule eine wahre Zettelwirtschaft Bahn. Ab Wochenmitte verteilten wir auf dem Schulhausareal Briefchen und Nachrichten an die Mädchen, mit denen wir sie zur samstäglichen Fete einluden. Wir steckten sie gerollt unter ihre Fahrradsättel, schoben sie gefaltet in die Klingeln, ließen sie ihnen von einem stammelnden Freund überreichen. Wer bis Freitag keine positive Antwort erhielt, dem stand ein qualvolles Wochenende mit Tipp-Kick und nicht enden wollenden Fußballspielen mit Kollegen in Hinterhöfen bevor.

Für uns Jungen gab es damals nur zwei Arten von Männlichkeit. Die Vertreter der ersten stürzten sich in den Sport und konnten bereits mit sechzehn eine beachtliche Muskelmasse ausweisen; Männlichkeit, die den Lehrern gefiel, später auch den militärischen Instruktoren. Der andere Typus ließ sich die Haare wachsen, hatte hängende Schultern und bildete sich ein, dass es außer Liebe nichts Wichtigeres im Leben gäbe. Dieser Typus traf sich am Wochenende in schummrigen Garagen, schraubte farbige Glühbirnen in die Fassung, montierte eine Stereoanlage und verteilte Chipsschüsseln und Colaflaschen auf umgedrehten Harassen. Das Licht musste dämmrig sein und im richtigen Moment ausfallen. Am Abend kamen die Mädchen, man tanzte zu den Songs von T. Rex oder Donovan, und gegen Mitternacht hielt man seine Auserwählte so eng umschlungen, dass man gemeinsam wie ein seekranker Matrose durch das Dämmerlicht torkelte.

Was trieb mich, Schule, Hobby, Gesundheit, Freunde und im Notfall die ganze Welt für einen solchen Abend fahren zu lassen? War die Liebe wirklich ein Schielen in jene Ecken, in denen ich mir selbst einst verloren gegangen war, wie Freud behauptete? Oder war sie nicht doch eine Revolte gegen das Bestreben der Lehrer, uns zu *entwildern*?

Vielleicht war die Verliebtheit ein Zaubertrick, um mich mehr zu mir selbst zu bringen. Ich wollte den Ablehnungen und falschen Zuschreibungen entgehen. Sex als Konsum war mir zuwider, ich wollte Sex nicht ohne Liebe, Verliebtsein war wichtig. Aber schon bald nach 1968 wurde ich von den Politaktivisten gefragt: Affirmiert nicht der, der sich der privaten Liebe hingibt, die bestehenden Verhältnisse?

Ich hatte bei meiner Liebeswoche mit L. keinen Moment an John Lennons Bed-In mit Yoko Ono gedacht. Ich empfand Liebe als das Gegenteil von Politik. Man konnte Sex als politisches Statement einsetzen, aber das Verlieben und die Liebe sollten keinen Zweck verfolgen, ereigneten sie sich doch nur mit der Logik eines Blitzschlags. Liebe war die Zwillingsschwester des Glücks; eine flüchtige Magd, mit Heine gesprochen. Vielleicht ging damals auch einiges durcheinander. Für kurze Zeit bildeten Ende der sechziger Jahre die romantische Liebe, die Politik und der Gesellschaftsprotest ein unentwirrbares Knäuel. Die Phantasie, die an die Macht sollte und die sich an den Liebesbriefen entzündete, kam aus einer antibürgerlichen Haltung. Aus dem Schreiben von Liebesbriefen wurde in den folgenden Jahren immer mehr das Schreiben von Erzählungen und Prosaminiaturen.

Ob meine Generation wirklich so phantasievoll und eigenwillig war, wie wir glaubten? – Zuweilen bemerkte ich, dass die Mädchen aufgrund meiner Hautfarbe in mir einen ungestümen Liebhaber vermuteten. Aber in der Liebe hatte alles einem strikten Ablauf des Sich-Verliebens zu gehorchen, einem Skript, das kulturell festgelegt war: Verabredung, Zärtlichkeit, Kuss, Petting und später Geschlechtsverkehr. Die Zeitspanne zwischen den einzelnen Stationen entschied über die Schicklichkeit des Vorgehens. Umkehrungen oder Auslassungen waren nicht angesagt. Auch ich hielt mich an das Skript.

»I'm Your Man« – Ich war kein feuriger *Latin Lover*. Auch wenn meine Geschlechterpräferenz in Sachen erotischer Anziehung eindeutig war, war damit meine Männerrolle noch lange nicht geklärt. Ich war keiner, der Männlichkeitsritualen huldigte, ich stand nicht lange unter der kalten Dusche, ich blieb schmerzempfindlich und tat nichts, um mich *abzuhärten*. Obwohl ich die Haare schulterlang trug, war ich auch kein *Softie*; kurz: Mir fehlte ganz einfach ein taugliches Vorbild fürs Mannwerden. Die *harten Kerle* kamen nicht infrage, denn dafür stand mir meine Schüchternheit im Wege. In Situationen, in denen zugelangt wurde, schnelle Entscheidungen und hartes Handeln gefragt waren, grübelte ich so lange, bis der richtige Augenblick vorbei war. Zwar faszinierte mich die Kraft eines Muhammad Ali oder die strategische Übersicht eines Günter Netzer – aber ich wollte ja kein Boxer werden, und meine Karriere als Fußballer beendete ich mit der ersten Zigarette im Hinterhof einer Kneipe. Seltsamerweise spielte die Herkunft möglicher Vorbilder keine Rolle.

Dabei musste ich mich mit allen Mitteln von den drei Frauen, die mich erzogen hatten, lossagen. Ich sah meine Großmutter vor mir, die meinen Großvater dominiert hatte, oder meine Mutter, die meinem Stiefvater buchstäblich seine Wünsche vorgegeben hatte. Die dritte war meine Bäckerstante Astrid gewesen; sie umschwirrte mich noch lange, wir unterhielten ein Verhältnis aus Heimlichkeiten und Süßigkeiten. Aber nun musste ich mich frei machen von den mütterlichen Schutzfiguren.

In meinem Freundeskreis gab es einen Sänger, den wir alle verehrten: Leonard Cohen. Der düstere Barde war uns nah wie ein Verwandter, ein Doppelgänger unserer Sehnsüchte, ein Einflüsterer unserer Melancholie. In seinen Texten hatten unsere romantischen Einstellungen ein Abbild. Im Lied »Suzanne«, das wir nächtelang auf einem Kassettenrekorder spielten, fanden wir jene Wendungen, die uns weiterhalfen. Cohens Männlichkeitsfloskeln kamen ohne Muskelspiele und nackten Oberkörper aus und entsprachen viel eher der neuen Generation von Frauen, die Simone de Beauvoir lasen.

Es war eine romantische Männlichkeit, weit entfernt von jeder rüden Anmache, mit der gewisse Kerle auf die Mädchen losgingen, um sie zu erobern. Cohen lieh uns seine Attitüde, indem er uns die Gabe seines ironischen Multitaskings anbot, so wie er es viele Jahre später in seinem Song »I'm Your Man« zusammenfasste:

If you want a lover
I'll do anything you ask me to
If you want another kind of love
I'll wear a mask for you

If you want a partner, take my hand, or
If you want to strike me down in anger
Here I stand
I'm your man
If you want a boxer
I will step into the ring for you
And if you want a doctor
I'll examine every inch of you
If you want a driver, climb inside
Or if you want to take me for a ride
You know you can
I'm your man.

Cohens Männlichkeitsangebot milderte unsere Unbeholfenheit und verbarg unsere Schüchternheit. Er erweiterte das männliche Rollenangebot und versprach den Frauen einen Partner, der *lover*, *driver*, *partner* oder gar *boxer* sein konnte. Seine Ironie wirkte inspirierend auf mich, sodass ich mir oft wünschte, dass mein Schreiben wie seine Poesie würde.

Paris – Das alles geschah, bevor ich mich in ein Mädchen meines Jahrgangs verliebte, deren Mutter aus Paris stammte und die denselben Hunger nach Welt hatte wie ich. Da brauchte ich keine Formeln und Anleitungen mehr. Leidenschaftlich stürzten I. und ich uns auf die Texte von Adorno und Nietzsche, Freud und Rilke. In den Ferien nisteten wir uns in der Großmutterwohnung in Paris ein, die im 18. Arrondissement lag. An einem Frühlingsabend stieg ich in Basel in den Zug und fuhr eine Nacht lang durch Frankreich, um am Morgen an der Gare de l'Est anzukommen, den Geruch von Eisen im Mund und einen

Himmel über mir, der sich wie ein bunter Schirm über die Metropole spannte, während I. auf dem Bahnsteig auf mich wartete. Als Erstes fielen mir all die Menschen aus unterschiedlichen Ländern auf, die im Bahnhof arbeiteten oder in den Cafés saßen, Reisende, Angestellte und Werktätige verschiedenster Couleur, eine Weltgesellschaft. Eine Aufregung, ein Taumel erfasste mich, der mich nie mehr beim Besuch dieser Stadt verlassen sollte, beinahe so, als käme ich hier immer wieder neu auf die Welt. Ich zündete mir eine Zigarette an und ging durch die Straßen, ohne von Schatten und Blicken verfolgt zu werden. Hinter den Toren der Gare de l'Est erwarteten mich neue Umgangsformen, Geräusche und Bilder, Farben und Gerüche. In den Bars standen geschminkte Frauen, vor den Restaurants wurden aus offenen Lieferwagen dampfende Tierleiber ausgeladen: Das Leben hier war größer als meine Vorstellungskraft und weckte meine Neugier.

Vom Eckfenster im dritten Stock der Grand-mère-Wohnung an der Rue Custine aus schaute ich dem Verkehr zu, dem Hin und Her der Menschen und Autos, das auch nachts nicht nachließ. Ich hatte Rilkes *Die Aufzeichnungen des Malte Laurids Brigge* auf den Knien und schrieb Dutzende von Seiten in mein Tagebuch ab. Ich war Malte, der sich in die Gesichter der Passanten vertiefte, der das Chloroform an der Val-de-Grâce roch und dem Tod in den Katakomben bei Denfert-Rochereau begegnete. *Ici commence le royaume des morts* – so stand es auf dem Torbogen zur Unterwelt, hinter dem sich Tausende von säuberlich aufgereihten Totenschädeln befanden.

Tage verbrachte ich in den Cafés und schaute in die Gesichter der Passanten, und abends tat mir das Sehen weh. Ich wanderte als Unsichtbarer durch die Viertel, betrat die afrikanischen Geschäfte in der Goutte d'Or, in denen es

Riesenschnecken und Säcke voll unbekannter Getreide- und Gemüsesorten gab. Das *Exotische* und das *Französische* verschmolzen miteinander, die Zugewanderten hatten mit den Einheimischen eine neue Wirklichkeit ausgehandelt. Und die Straßen hießen nicht nur Boulevard Voltaire oder Diderot, Rue Jean-Jacques Rousseau, sondern auch Rue d'Aboukir und Rue Myrha.

Die Metropole fegte das Dorf in meinem Kopf beiseite. In Paris konnte ich mich ohne Hindernisse überallhin bewegen, in den Parks lesen und in den Bistros über die neuesten Romane diskutieren.

Ein Satz – Vor dem Abschluss der Matura lud mich mein Gymnasiallehrer Christoph. S. zu sich nach Basel ein. Auf der Fahrt mit meiner Freundin in einem alten rot-weißen *Döschwo* fragte ich mich nach dem Grund der Einladung. Hatte es mit meinen Geschichten zu tun? Hatte er mich eingeladen, um mir zu sagen, dass ich mit dem Schreiben aufhören und keine weiteren Geschichten mehr abgeben sollte? Wie würde sich seine Frau, die als streng galt, zu meinen Schreibversuchen äußern?

Als ich auf dem Hügel in der einsamen Straße vor seinem Haus aus dem Auto stieg, war ich durch meine Zweifel so blockiert, dass mich meine Freundin regelrecht vor die Haustüre schieben musste.

Nachdem Christoph S. die Türe geöffnet und uns begrüßt hatte, wurden wir von der Anwesenheit eines Unbekannten überrascht, dessen Aura mich auf der Stelle einnahm. Der Unbekannte saß im Wohnzimmer in einem eigelbgelben Anzug, hatte den Kopf gesenkt, während seine Finger konzentriert über die Tasten des Klaviers glitten. Auf seiner Glatze lag ein Schweißfilm. Er blickte kurz zu mir auf und spielte dann weiter. Erst nach geraumer Zeit drehte er sich zu uns um und streckte meiner Freundin die Hand entgegen. Guido Bachmann, sagte er, Schriftsteller, Schauspieler und Pianist, am besten alles in einem. Behände blätterte er ein Heft auf, das auf einem Tischchen neben dem Klavier lag: *Ad Astra*, mein erster Gedichtband, sagte er mit seiner tiefen Stimme. Ich komme gerade aus dem Kloster, wo ich mich drei Monate in strenger Enthaltsamkeit geübt und – selbstverständlich ohne Zigaretten und Alkohol – diesen Sonettenkranz verfasst habe.

Ich hatte den ersten Schriftsteller in meinem Leben kennengelernt! Ein seltsam ungeheures Wesen, rund und glatt und rundlich, mit expressivem Gesicht, eine Art Minotaurus, der in einem eigenen Kosmos lebte.

Maja, die Frau von Christoph S., trug Snacks auf, bei denen der Schriftsteller sofort ohne Hemmung zugriff. Danach zog er eine Packung Zigaretten aus seiner Vestontasche, Player 2, trank mit einem Zug seinen Gin leer und zündete sich eine Zigarette an. Rauchen, trinken, essen und reden waren eins; eine Gier brach sich bei ihm Bahn, die alles verschlingen wollte. In dieser Gier steckte so viel Vitalität, dass er sich nicht um die Grenzen des Anstands kümmern konnte.

Ad astra, sagte er.

Er redete, nun nicht mehr den Pianisten oder Schauspieler mimend, als Schriftsteller und ließ uns Gäste kaum zu Wort kommen. Er berichtete von seinen Buchprojekten, kam dabei vom Hundertsten ins Tausendste; sprach druckreif. Ich war beeindruckt, nein überwältigt, und vergaß, warum ich hier war. Er muss, dachte ich bei mir, all die Wörter, die sich in der Einsamkeit in ihm gesammelt haben, loswerden, sobald er unter Menschen ist.

Schließlich ging man zu Tisch, und Maja fragte mich, ob

ich zum Schreiben gekommen sei. Sie fragte nicht, ob ich irgendwelche Notizen gemacht hätte, sondern – als sei ich ein viel beschäftigter Schreiberling – ob ich Zeit für *mein Schreiben* gefunden hätte. Ich würgte an einem Kloß im Hals. Was würde der Schriftsteller am anderen Ende des Tisches dazu sagen? Würde er wieder in sein dionysisches Lachen verfallen, das alle paar Minuten wie eine Welle der Lebenslust und gleichzeitig der Verachtung aus ihm herausbrach? Er reckte den Kopf wie eine Echse in meine Richtung und fragte, worauf ich denn beim Schreiben achten würde.

Was hätte ich sagen sollen?

Vor einiger Zeit hatte mir Christoph S. Bachmanns Erstling *Gilgamesch* geschenkt, und ich hatte diesen verschlungen. Das Buch war anders als alles, was ich vom Deutschunterricht kannte. Darin bricht Roland, verfolgt von bigotten Lehrern, Juristen, Polizisten und anderen zwielichtigen Vaterfiguren aus der Berner Enge aus, setzt sich ins Nirgendwo der südfranzösischen Berge ab und lernt dort einen Hirtenbuben kennen, den er liebt. *Gilgamesch* war ein sexuell freizügiger und in seiner Komposition großartiger Coming-of-Age-Roman, in dem Sexualität und Musikalität auf atemberaubendem Niveau zusammenfanden, ein mythischer Menschheitsroman, kurz: ein Buch, das in keine Schublade passte und mich gepackt hatte. Trotz seiner sexuellen Freiheiten besaß es die Strenge einer Bach'schen Fuge.

Bachmann hatte von seinem nächsten Romanprojekt erzählt, das weit in die ägyptische Mythologie ausgreifen würde. Es ginge um Echnaton, denn Amenophis der Vierte sei eigentlich Ödipus, das habe der Forscher Velikovsky herausgefunden, sagte er in seinem Berndeutsch, das breit und melodiös war; es wurde mir, noch bevor ich

Dürrenmatt gehört hatte, zu einer Sprache des Mythologischen, in dem Kosmologisches mit Unflätigem sich vermischte. Er sprach weiter über die altägyptischen Mythen und das Ficken, über Freud, Nietzsche und Sodomie, über Syphilis und Metaphysik. Er zitierte Hans Henny Jahnn, kannte Jahnns Tochter Signe persönlich, beschrieb Jahnns Arbeit als Orgelbauer und schwärmte von dessen Versuchen mit Stutenurin.

Die Zeit wurde dünn und flüchtete sich aus dem Raum; und während es draußen zu schneien begann, zog ein Hauch von Ewigkeit ein. Noch immer wartete man auf meine Antwort. Auch meine Freundin schaute fragend zu mir. Auch mein sanfter Lehrer. Und auch seine strenge Frau. Alle erwarteten eine Antwort. Was war mir beim Schreiben wichtig? Worauf kam es mir an? Auf die Geschichte? Den Plot? Den Detailrealismus? Den phantastischen Einfall? Die Bilder, die Symbolik, das zwischen den Zeilen Liegende?

Aber konnte man meine Gehversuche überhaupt als *Schreiben* bezeichnen? Ich schwitzte und fror und hatte Angst, mich zu blamieren, ich hatte noch nie darüber nachgedacht, worauf es mir beim Schreiben ankam.

Der Schriftsteller zündete sich an der ausgerauchten Player 2 die nächste an und schwieg eisern.

Ich fasste mir ein Herz und sagte, wichtig sei mir der Satz. Der Satz als kleinste Einheit der Prosa. Seine Melodie.

Nach dieser Auskunft hätte ich mich am liebsten unter den Tisch verkrochen. Vor Menschen, die über *Simmel* dissertierten, die Dutzende von literaturwissenschaftlichen Abhandlungen verfassten, die *Walter Benjamin* und *Ernst Bloch* auswendig zitieren konnten, die *Freud* und *Bleulers* Briefwechsel kommentierten und die an einem Lebenswerk schrieben, dessen Titel *Zeit und Ewigkeit* lautete, hatte ich mich zu einer solchen Sottise hinreißen lassen.

Ein Satz.

Aber alle drei am Tisch nickten. Der Schriftsteller fischte eine Olive aus dem Glas und ließ sie in seinem Mund verschwinden. Maja atmete aus, meine Freundin schenkte sich Wein ein. Ich hatte das Naheliegende und Selbstverständliche gesagt: ein Satz. Natürlich, sagte der Schriftsteller und räkelte sich, nun in seinem geradezu gemütlich klingenden Berndeutsch, auf die Melodie komme es an. Ein Satz, Maja nickte und bestätigte: der Grundton. Und mein Lehrer sagte, er warte gespannt auf meine nächste Geschichte, ja, er warte eigentlich auf einen Roman.

Ein Satz!

Es wurde eine delirante und dionysische Nacht. Der Schriftsteller, betrunken, monologisierte über Nietzsche und Jünger, verschlang maßlos Raucherwaren und Alkoholika. Um Mitternacht kam es zum Streit zwischen ihm und Maja, Rede und Gegenrede, man lag sich in den Haaren und fand wieder zueinander. Er wechselte vom Wein zum Cognac und riss ein neues Packet Player 2 auf. Dieser Schriftsteller hatte eine solche Wut in sich, dass die Welt vor ihm klein wurde.

Draußen wirbelten dicke Schneeflocken durch die Dunkelheit. Das Weltall war still und unergründlich. Ich hatte zu viel geraucht, hatte Halsweh und war zerschlagen. Im Morgengrauen, als das Schneetreiben einer bissigen Kälte gewichen war und wir mit dem Eiskeil die Windschutzscheibe des Wagens freibekommen hatten, fuhren meine Freundin und ich langsam heim.

Man kann nicht Schriftsteller werden wollen, hatte der Schriftsteller in seiner apodiktischen Art beim Abschied gesagt. Nur ein Idiot nimmt sich so etwas vor.

Mythologica – Drei Jahre später, als Student in Basel, riet man mir, ins Restaurant Kunsthalle zu gehen, dort wären die Schriftsteller und Schriftstellerinnen zu finden. Als ich an einem Dienstag nach der Fasnacht ins Halbdunkel des Lokals stolperte, saßen tatsächlich einige Schreibende an ihren Tischen, darunter auch Bachmann, der oft tagelang in diesem Lokal zu trinken pflegte.

Ich bin kein Schweizer, sagte er, als ich mich schüchtern zu ihm setzte. Ich kann mich mit diesem Land nicht identifizieren. Diese Sätze, sagte er, werde er dereinst seinen Jugenderinnerungen – die 1997 unter dem Titel *lebenslänglich* tatsächlich erscheinen würden – voranstellen. Er werde dann auch mit seinem Vater und mit dem Vaterland abrechnen. Er spuckte die Worte *Vater* und *Vaterland* buchstäblich ins Lokal und fügte an, er sei kein *Schweizer Schriftsteller* und wolle auch keiner sein. Nie, nie!

Ich war bestürzt und schwieg. Von meinem Schreiben sagte ich kein Wort mehr. Hätte ich nicht schon Hunderte von Seiten vollgekritzelt, ich hätte nach dieser Tirade wohl keinen Schreibstift mehr angerührt.

Ich suchte Bachmanns Freundschaft nicht, aber es war mir recht, wenn ich ihn traf. Ich las seine Werke, aber ich hätte mich kaum getraut, mit ihm darüber zu reden. Mit ihm zusammen zu sein war aufregend und anstrengend. Er lebte seine bisexuellen Neigungen aus und pflegte einen ausschweifenden Lebensstil. Dabei war er sich seiner Wirkung auf mich bewusst, ja, meine zeitweilige Gegenwart schien ihn zu grenzüberschreitenden Ausfällen geradezu anzustacheln. War er betrunken, endete der Abend in einem Eklat, indem er jemanden am Nebentisch handgreiflich anging. Oder sich auf den Tisch stellte und einen Striptease vollführte, bis ihn die Polizei abführte. Bachmann hatte den Ruf, eine Skandalnudel zu sein, und es schien ihm zu passen, ja, eine tiefe Bestätigung seiner Außerordentlichkeit zu sein, dass man abschreckend über ihn redete. Er erzählte mir von seinen italienischen Vorfahren, von seinem Großvater mütterlicherseits, der katholisch-italienisch-spanisch-jüdischer Herkunft gewesen und als Baumeister in die Schweiz gekommen und dageblieben sei, sodass man seiner Mutter in Bern noch *Tschinggelemore, Dräck a dr Schnore* nachgerufen habe.

Ich hätte der Lektüre seiner Bücher entnehmen können, dass er sich außerhalb gesellschaftlicher Konventionen bewegte. Er lebte weder in der Schweiz noch in Europa, sondern in einer archaischen, mythischen Welt mit einer brachialen Sexualität. In seinem gesamten Erzählkosmos gab es kaum eine Figur, die nicht eine mythologische Vorgängerin hatte – ein Verfahren, das der Autor in der lebenslangen Anstrengung eines sich über 2000 Seiten hinziehenden, sich zur Trilogie *Zeit und Ewigkeit* ausweitenden Romankolosses treiben würde.

Ich aber hatte bei der Lektüre seines Werkes einen Zipfel des *Wilden Denkens* erhascht, wie es Claude Lévy-Strauss beschrieb. Und diese Entdeckung war aufregend, denn das *Wilde Denken* war ein Stück Fremde, das ich auch in mir drin zu spüren glaubte. Noch unser rationales Denken, wurde ich nun gegenüber meinen Freund*innen nicht müde zu behaupten, habe Spuren jenes *mythischen* und *wilden* Denkens, das das Leben von Menschen außerhalb unserer Kultur beherrsche. Neugierig begab ich mich, zusammen mit den Romanen von Bachmann und den Mythen der amerikanischen Indigenen, auf mir gänzlich unbekanntes Terrain; ich studierte in der Ethnologie die Mythen und Denkstrukturen der australischen Natives, der Arandas, deren *Songlines* ihrem Kosmos entsprachen, wie ich mit meinen Freunden bei den LSD- und Mescalinexperimenten ins Unbekannte vordrang. Wir rüttelten an den Pforten der Wahrnehmung und probierten jene Drogen aus, die unser Denken von der zweckrationalen Knute der Autoritäten befreiten.

Auch Bachmann ging in seinem Denken zurück zu den Anfängen der Zivilisation, zu Gilgamesch, Echnaton und zu Ödipus. *Zeit und Ewigkeit*, das war sein Schreib- und Lebensprogramm. *Meine Geschichte ist die Geschichte des Universums*, sagte er stolz. Anlässlich der Basler Umweltkatastrophe durch die Chemische Industrie im Jahr 1986 in Schweizerhalle hielt er eine flammend anklägerische Rede, scharf im Ton, genau in der Argumentation, aber mit einer weit über den Anlass hinausschießenden Wut, die die Bürger empörte, wie sie alle Jugendlichen begeisterte. Eine im eigentlichen Sinne maßlose Rede, in der er seinen Hass auf eine Gesellschaft, die ihn ächtete, kaum mehr versteckte:

> *Übrigens schreibe ich nicht nur unschweizerische Bücher, sondern nichts über die Schweiz. Meine Bücher haben Geographie, aber deuten nicht auf meine Heimat und deuten diese infolgedessen nicht. (…) Frisch kritisiert seine Heimat. (…) Meine Heimat ist die Heimatlosigkeit, und nur dort finde ich mich. (…) Wer auf seine Heimat Stolz hat, ist für mich ein Idiot. (…) Heimat: die infamste Lüge.*[5]

Ein solcher Lebensentwurf, der das Unangepasste und Unanständige als dauernde Grenzüberschreitung vorlebte, konnte niemandem zum Vorbild werden, auch mir nicht. Aber hinter seiner Gestalt, der ich willig folgte, wenn er durch die Kneipen der Stadt irrlichterte, erhob sich ein gigantischer Koloss, dem ich die meiste Zeit meiner Studienjahre widmen würde: Hans Henny Jahnn. In den Romanen *Perrudja* und *Fluss ohne Ufer* steckten Extremformen des Fremden, die ich erforschte. Ich war dabei, die Grenzen meiner Identität auszutesten. Ich wollte mich verwandeln, denn ich konnte alles sein, wenn ich das Gehäuse meiner Denkgewohnheiten verließ und mich der Phantasie eines Dichters wie Jahnn überließ, ein Baum, eine Feder oder eine Wolke. Dies dank eines Systems, in dem man sich selbst und zugleich alle anderen sein konnte, dank der Literatur.

Falsche Heimkehr – In der Folge drängte mein Deutschprofessor Christoph S. darauf, dass ich mich dem Schreiben auch als offiziellem Beruf zuwenden sollte. Wusste er, dass ich aus dem Arbeitermilieu kam und auch später Unterstützung brauchen würde? Woher sollte ich den Mut nehmen und mich finanziell auf dünnes Eis wagen? Konnte ich überhaupt Schriftsteller werden?

Noch immer war weit und breit kein Vorbild aufgetaucht, an dem ich mich hätte orientieren können. Der monströse Guido Bachmann, dem keine Obszönität zu schreiend, keine Übertreibung zu groß und keine Grenzüberschreitung zu kühn war, konnte es nicht sein. In meiner Umgebung gab es keinen schreibenden Onkel, keine schriftstellernde Tante, meine Familie ging nie ins Theater, las keine Bücher, und nie hatte einer ein Gedicht aufgesagt.

Als ich meiner Mutter meine Schreibversuche gestand, weil ich einen ersten kleinen Text veröffentlicht hatte, sagte sie zu meiner Überraschung, sie kenne den Schriftsteller Hermann Burger, er habe einige Klassen unter ihr dieselbe Schule besucht. Darauf telefonierte sie mit ihm, dem ich bereits aufgefallen war, weil er, damals Literaturredaktor bei der Lokalzeitung, meine Aphorismen in den *Aarauer Neujahrsblättern* gelesen hatte.

Meine Mutter gab mir ein zerblättertes Büchlein, es war die gleichnamige Geschichte des Außenseiters Bork, ein rätselhafter und unverstandener Geselle, ein Fremder im Dorf, der zuletzt vom Hagel erschlagen wird. Bork, dachte ich bei der Lektüre, könnte auch ein verkapptes Selbstportrait des Autors sein, er musste auch etwas mit mir und dem Dorf zu tun haben.

Ich lernte Burger bei einer Lesung in Aarau kennen. Anders als Bachmann redete er klug und gebildet wie ein Universitätsprofessor, ohne jeden Anflug von Unsicherheit, behindert allenfalls durch ein leises Lispeln, das, wie ich später erfuhr, durch eine seiner Medikamenteneinnahme geschuldeten Gaumentrockenheit verursacht wurde. Er redete so hochgestochen, dass ihn die Hälfte des Aarauer Publikums nicht verstand. Ich hätte mir nie vorstellen können, so einer zu werden, wie er einer war, aber ich war von seinen Büchern fasziniert. Geradezu süchtig verschlang ich *Schilten*, *Diabelli* und *Blankenburg*.

Viel später, nach seinem Tod, las ich seine letzten Romane, in denen ich, zu meiner Verwunderung, in eine Welt zurückversetzt wurde, die ich peinlich genau kannte: mein Dorf. Mehr als zehn Jahre vor mir war Hermann Burger, in derselben dörflichen Enge aufgewachsen wie ich, schreibend wieder in sein Dorf zurückgekehrt. Seine Welt der Zigarren, der Enge und der Zwänge des oberen Wynentals, die er literarisch umsetzte, war mir absolut vertraut. Ich erkannte alles wieder, gerade auch in seiner zur Kenntlichkeit entstellten sprachlichen Verfremdung: *Dieses Konglomerat von taubjalousieigen Kopfbauten, Satteldachfabrikhallen und Lagerhäusern bildete das Dorfzentrum von Menzenmang, der Ziegelschrot regierte über das versun-*

kene Reich der von der Grünau bis zur Hauptstraße (...).[6] An dieser Stelle der Lektüre stockte ich, und zwar wegen einer unglaublichen Koinzidenz, denn die Grünau lag nur einen Steinwurf von meinem Großelternhaus entfernt, dem *Tubakhuus*, in dem ich aufgewachsen war. Ich stieß immer weiter auf Gemeinsames, zum Beispiel auf seine Tante Lili Pfendsack am Ölberg, bei der ich jahrelang Blockflötenunterricht genommen hatte, oder auf die beiden Geschwister Merz mit ihren Ohrenschnecken in der Dorfpapierwarenhandlung, bei denen auch ich meine Weihnachtskalender und Abziehbildchen gekauft hatte: *Der Laden war der Inbegriff einer verschollenen Landpapeterie, in der verjährte Bestseller, Glückwunsch- und Kondolenzkarten den Nachmittag verschliefen.*[7] Selbst dem ovalen *Kässeli* der Bank, in dessen *Schlitz mit den beweglichen Gebisszargen und dem schwarzen Schild ›Bank‹ in Menzenmang* ich jeden gesparten Franken verschwinden ließ, widmete er einige Zeilen.[8]

Dieser Schriftsteller *überschrieb* meine Kindheit. Indem ich ihn las und in seinen Texten in mein Dorf zurückpilgerte, wurde ich an meine Kinderjahre erinnert. Straße um Straße, Ecke um Ecke begegnete mir jenes Selbst, dem ich seit dem Ende meiner Jugend entkommen wollte. Auf dem zugefrorenen Weiher, wo *Der Puck* spielte, war auch ich Schlittschuh gelaufen. Und der jährlich im Dorf gastierende Nationalzirkus Knie war *das* Ereignis auch meiner Kindertage gewesen. Wie konnte es sein, dass wir dieses Dorf so ähnlich erlebt hatten, wo wir doch so verschieden waren? Der Schriftsteller war ein angesehener Literat und Redaktor der einzigen Lokalzeitung, er residierte in einem noblen Pfarrhaus, chauffierte einen Ferrari Testarossa, während ich in meiner Bruchbude in Basel als Student froh war, der Enge des Dorfes entkommen zu sein.

Aber sein *Heim-Weh* war mir keine *Heimatlust.* Ich war im Dorf aufgewachsen, aber das Dorf hatte mich nie ganz als zugehörig betrachtet. Was mich von Burger unterschied, war meine Herkunft. So konnte ich mich bei allen Übereinstimmungen des Eindrucks nicht erwehren, dass er mein Dorf verklärte. Als Patient verschiedener psychiatrischer Anstalten, unter anderem auch der berüchtigten Klinik in Königsfelden, diente ihm die Rückkehr ins Dorf als Zugang zu seiner verschütteten Kindheit: *Ja, so ›querschössig‹ ich als kleiner Stumpen dem Stillen-Tal-grüß-dich tausendmal entwachsen war, so reumütig variantenreich wollte ich zurückkehren, habe ich doch in meiner Biographie immer nur einen Zug von Menzenmang entfernt gewohnt (…).*[9]

Dieser *Mann aus Wörtern* war eben, anders als ich, im Dorf zu Hause gewesen, oder, wie er es formulierte: *do usse, bueb, bisch deheime.* Trotzdem fühlte auch er sich nicht ganz zugehörig: *Ned schwyzer, sondern patient sy und nome luege war meine Devise, wenn ich in der niedrigen, großen Bauerngaststube mit den blank polierten Nussbaum-Achtertischen den Jassern zuschaute (…).*[10] Wie fast jeder Mann im oberen Wynental hatte er immer eine Zigarre im Mund und war schon rein äußerlich nicht von einem Einheimischen zu unterscheiden. Aber er gehörte deswegen nicht ganz zu ihnen, weil seine hochgezüchtete Intelligenz, seine überbordende Kreativität und seine Sensibilität ihn von der Dorfgemeinschaft absonderten. Ich wusste, wie es sich anfühlte, Außenseiter zu sein, ich konnte ihm nachfühlen, wenn er sein Ich aufs Spiel setzte, den Trickser gab, den Kartenspieler, den Zauberer und lispelnden Selbstdarsteller. Ich verstand sehr gut, warum er auf seine Randständigkeit mit einer artifiziellen Sprachstrategie reagierte, mit der er die Wirklichkeit in sein Universum zurückholte. Denn er verwandelte seine Heimat in Sprache, entzog ihr den realen (Leidens-)Kern und machte sie zu etwas Künstlichem.

Wer schreibend sich verhält, kann dem Reiz nicht widerstehen, potenzielle Daseinsformen zurechtzubiegen, Lebensläufe auszuprobieren. Wie wäre ich als Tabakkaufmann herausgekommen, wie als Drehorgelspieler, wie als Leiter einer Hausiererschule?[11] – Das traf meine hybride Identität, denn die Frage, wer ich geworden wäre, wenn ich in Trinidad gelebt hätte, hatte mich nie ganz losgelassen.

Der Tabak, den Burger maßlos konsumierte, war auch mein Kindheitsaroma. Der Schriftsteller aber war kein gewöhnlicher Nikotinsüchtiger, er war ein richtiger Kenner:

> *Was ich hier demonstrativ vorrauche, um mich von Pegasus in den Tabakwolken beflügeln zu lassen, ist ein waschechter Brenner-Stumpen, prismatisch gewickelt und konisch zulaufend, 40 Prozent Brasil, 9 Prozent Malawi, 14 Prozent Havanna, 8 Prozent Domingo, 12 Prozent Java, 17 Prozent Sumatra, Deckblatt aus Cru das Almas.*[12]

Mein Großvater Eddie, der Stumpenarbeiter bei Villiger, hätte diese Tabakprovenienzen nie aufzählen können, er hätte sich diese Zigarren gar nicht leisten können, sondern er rauchte ein Leben lang Villiger Verschnitt, bis er daran erkrankte. Der Schriftsteller dagegen inszenierte sich als Dynastiezugehöriger der Zigarrenfirmen, in denen meine Großeltern sich ein Leben lang abgerackert hatten, und täuschte so die nahe und nicht ganz nahe Umgebung über seine Herkunft. Dabei interessierte er sich weder für die Arbeitsbedingungen der Arbeiter*innen, ihren kläglichen

Lohn, ihre sparsamen Ferien, noch für die Herkunftsländer der Tabakblätter oder gar für die Menschen, die den Tabak anbauten und ernteten. In seiner Welt kamen weder die Sklaverei noch die Tropen vor, und dieses Verdrängen entsprach ganz der damaligen Zeit.

Für mich, der ich die ersten zwölf Monate meines Lebens auf einer ehemaligen Sklavenplantage verbracht hatte, war die Tabakpflanze keine Obsession, die den Gaumen und den Kopf reinigt, Schmerzen und Müdigkeit vertreibt, Zahnweh und andere Wehwehchen stillt, und sie war auch kein Mythos. Vielmehr war sie ein Kolonialprodukt, an dem das Blut der Sklav*innen klebte. Ich konnte das Kraut nicht vom Unrecht seiner Gewinnung trennen, geschweige denn von der Ambivalenz, die es im Leben meiner Großeltern dargestellt hatte. Die Verarbeitung von *Tubak* hatte ihnen ein Auskommen ermöglicht, und zugleich war die Tabakindustrie, *Burger* und *Villiger*, der Grund für ihr lebenslanges Darben und zuletzt ihre Krankheiten.

Burgers Flucht in die Moränenschwermut führten ihn zuletzt dorthin, wo die Enge am bedrückendsten war, in die Stollen des als Nationalheiligtum geltenden Gotthards. Er hatte immer zu viel Heimat in sich und rächte sich an ihr, indem er sie verfremdete und fiktionalisierte. So lässt sich sein Verfahren der *Verfremdung zur Kenntlichkeit* auch als sublime Rache an der Schweiz lesen. Davor konnte sich zuletzt nichts Heimatliches mehr retten; *Schilten* oder *Blankenburg* wie auch dem Gotthard in *Die künstliche Mutter* wurden mit einer Kavalkade von Fremdwörtern alles Heimelige ausgetrieben. Heimat schlug um in Wahn, ähnlich wie bei dem von ihm verehrten Thomas Bernhard. Fremdwörter und Neologismen brummten als *motorisierte* Sprachvehikel durch seine Parallelrealität. Der ungeheure und berauschende Wortaufwand war zuletzt ein sprachgewaltiger, einnehmender, aber vergeblicher Selbstheilungsversuch, der ihm die Heimatlosigkeit doch nicht austreiben konnte, denn er war nicht nur ein Heimatdichter, sondern auch ein Heimatvernichter.

In seinem Buch *Brenner 2: Menzenmang* nimmt er mich als Leser mit zurück ins Dorf. Er besteigt die Wynental- und Suhrental-Bahn, mit der ich jahrelang als Gymnasiast von der Kantonshauptstadt ins Dorf gefahren war, um mir in einem eigentlichen Stationenweg die vergessenen Orte meiner Kindheit in Erinnerung zu rufen. Als wollte er mir sagen: Das alles hast du verloren, das alles sind die goldenen Schätze deiner Kindheit, das alles liegt tief in deinem Unbewussten und wird dich ein Leben lang nicht loslassen. – Wir passieren also den *Coiffeursalon Eichenberger*, den ich mit meiner Tante Astrid fast wöchentlich aufzusuchen pflegte. Dann das *Fotogeschäft Burger*, wo wir Passbilder herstellen ließen, das Zwiebelturmgebäude *Au Louvre*, meinen ersten Einkaufstempel, das *Café City*, wo meine Tante das Flirten lernte, das *Kino Sommer*, in dem ich mit meiner Großmutter die Winnetou-Filme sah und weinte. Und naturgemäß den *Sackbahnhof Menzenmang* und das vis-à-vis liegende *Pärkli* mit der Adonisstatue aus Bronze, da, wo ich mit meiner Großmutter mehrmals die Woche sehnsüchtig die Ankunft meiner Mutter erwartete, die mit dem Siebenuhrzug aus der Kantonshauptstadt heimkehrte. Mit der Kraft der Verzweiflung ruft der Heimkehrer die Lokalgeister an, die ihm zu Schutzgöttern gegen das Versinken in der Schwermut werden, während sie mir Grund genug waren, zu flüchten.

Auf den letzten Seiten passiert dann das geradezu Unheimliche, nämlich dass er vom Bahnhof den Weg einschlägt, der auch zu meinem *Tubakhuus* führt, *(…) also kurz entschlossen über die Wynabrücke und zur shed-*

dachig gezackten, tatsächlich aus Eisenach, vielleicht des Hochkamins wegen, hierher an die Herkulesstrasse transferierten Herka-Fabrik (…).[13] Von dort aus nimmt er, wie ich es immer tat, eine Abkürzung und erinnert sich an einen gewissen Philipp, den auch mir bestens bekannten Fabrikantensohn, bis er an den langen, flachen Ballenschuppen vorbeikommt – mein täglicher Schulweg – und vor der *Damencoiffeuse van de Vehn* steht, dem Haus gleich neben meinem Kindheitshaus: *(So) lichtete sich der Anker, wie ich auf der Gütschstraße zwischen den zwei Villen stand (…), hier, hier, hier, ennetseits s'arzts, diesseits s'fabrikants (…).*[14]

Hier, dreimal emphatisch gerufen, landet und strandet der Erzähler quasi vor der Türe meines Großelternhauses, des in meinem Roman *Tabak und Schokolade* beschriebenen Arbeiterhäuschens, während ich gerade von hier aus, wo meine Kindheit zu Ende gegangen war, aufgebrochen war, zuerst in die Kantonshauptstadt, dann in die Stadt am Rhein, um von dort aus immer weiter hinaus in die Welt zu gelangen, zu meinen Ursprüngen.

Wie ein Dorftrottel in der großstädtischen Eleganz – Ich musste reisen, musste immer weiter hinaus ins Ausland, um mein *inneres Ausland* loszuwerden. Das nächste Ausland, in das ich seit dem siebzehnten Lebensjahr dank meiner damaligen Freundin reiste, war Paris. Dort angekommen, hielt ich es nie lange in der Großmutterwohnung aus, es drängte mich, durch die Straßen zu gehen und die Menschen aus der Nähe zu erleben. Frühmorgens, wenn das frische Javelwasser durch die Straßenrinnen floss, ging ich in den Jardin du Luxembourg, setzte mich auf einen der Stühle, las und machte Notizen. Die Nachtmittage verbrachte ich in den Museen, während ich abends mit meiner Freundin abtauchte in die Unterwelt der Kinos, Tanzclubs und Bars. Dabei wurde Paris immer mehr zu dem Ort, an dem ich mein ungelebtes Leben lebte; ich habe nie den Fehler gemacht, mich in dieser Stadt niederzulassen.

Für den Dörfler in mir war die Metropole ein Kälteschauer. Von Anfang an musste ich Paris *lernen*, wie man eine neue Sprache lernt. Wie gelangte man beispielsweise von einem Arrondissement in ein anderes? Wo löste man ein Carnet? Wohin fuhren die Buslinien? Wie konnte ich das Gewirr der Linien der Métro verstehen, musste ich sie nicht auswendig lernen? Aufgeregt trippelte ich die Treppen zu den Métroschächten hinab. Je nach Station stiegen unterschiedliche Passagiere zu; lustige Gesellen bei Bastille oder Nation, Prostituierte oder Transvestiten bei Pigalle, Araberinnen mit vollgepackten Tati-Einkaufstaschen bei Barbès – Rochechouart und bei George V Schwärme der Jeunesse dorée, unterwegs zu ihren Partylokalen. Ich studierte die Menschen, ich schnappte Gesprächsfetzen auf und fühlte mich wohl, gerade auch unter den Zugewanderten, denn viele waren von weit hergekommen, um ihre Träume zu verwirklichen oder einfach um zu überleben. Der Anblick der Bettler*innen und Obdachlosen in den Straßen hatte auf den ersten Blick etwas Verstörendes, denn ich konnte mir nie vorstellen, wie sie ihren Alltag und ihr Leben zubrachten. Der zerlumpte Mann, der jeden Tag an der Ecke Rue Custine/Rue Caulaincourt saß, die Senegalesen auf den Trottoirs der Gemüsestände des Marché St. Jean – wo machten sie ihre Morgentoilette, wo trafen sie ihre Freunde? Gab es bei ihnen Fest- und Feiertage? Wie sah ein Alltag gänzlich ohne all das aus, was bürgerliche Sicherheit und Regelmäßigkeit ausmachte?

Wenn ich durch die engen Straßen der Goutte d'Or ging, in denen es nach gebratenem Fleisch roch, die gellenden Zurufe der Metzger im Ohr, fragte ich mich, welche Dörfer diese Menschen verlassen hatten. Welche Wüsten, Landschaften, welche einsamen Städte noch in ihnen weiterlebten. Und die jungen, aufreizenden Frauen, die in der Avenue Foch oder am Pigalle das Trottoir auf- und abschritten: Wie verbrachten sie ihre Tage und Nächte? Das Unbekannte, Ungeregelte und Abgründige lauerte überall. Die Randständigen wie die Gescheiterten hatten hier ein Zuhause, von dem ich nichts gewusst hätte, wäre ich in der Schweiz geblieben. Ich wurde mir hier der Defizite meiner eigenen Geschichte so richtig bewusst.

Ich musste lernen, wie man ein Glas Wein in einem Bistro bestellte. Mit welcher Haltung man am Tresen lehnte. Rief man zur Bezahlung den Kellner heran oder legte man das Geld einfach hin? Wie begegnete man dem Blick einer Frau im Spiegel?

Wie ein Dorftrottel stolperte ich in die großstädtische Eleganz. Dabei hatte ich nie ins Ländliche gepasst, das hatte man mir genügend zu verstehen gegeben. Paris tilgte meine unbeholfene Naivität und trieb mir den Provinzler aus.

1982 traf ich den Schweizer Schriftsteller Paul Nizon, der sich, wie er schrieb, aus der helvetischen Enge *freigeschwommen* hatte und in Paris *wiedergeboren* worden war. In der Großmutterwohnung meiner Freundin in der Rue Custine sitzend, schrieb ich Nizon einen Brief, und wir verabredeten uns an einem der nächsten Nachmittage im Café Wepler an der Place Clichy. Zwei Tage vor dem Treffen war ich so nervös, dass ich kaum mehr essen konnte. Als der besagte Nachmittag anbrach, hatte ich schon ein halbes Packet Zigaretten geraucht und fühlte mich elend, sodass mich meine Freundin regelrecht aus der Wohnung *bugsieren* musste. Der Schriftsteller wartete vor dem Café, er war kleiner, als es auf dem Verlagsfoto wirkte, trug einen unbegreiflich schweren schwarzen Ledermantel und wirkte auf mich furchteinflößend. Mit einem Lachen und dem Ausruf »Du bist ja auch ein Bastard wie ich! Ich bin ein russisch-schweizerischer Bastard« empfing er mich.

Das war sein burschikoser, männlicher Umgangston, den wir von nun an pflegten. Eine verbale Umarmung und ein neckischer Boxhieb. Ich war siebenundzwanzig und stand einem gewieften Großstadtmenschen und fertigen Schriftsteller gegenüber. Ich beobachtete, wie er hier lebte, in welchem Ton er Verlagstelefonate führte, wie er Avancen von Frauen entgegennahm, und ich hörte zu, wie er seine Lebenssituation, die zugleich seine Arbeitssituation war, beschrieb. Er setzte die Themen. Wohin wir auch kamen, worüber wir uns auch unterhielten, er hatte meistens kräftige Formeln parat, hatte seine Sprache und kannte die Stadt, er wusste Bescheid, und in seiner Gegenwart gab es keine Minute, in der ich mich gelangweilt hätte. Er war nicht nur vollgesogen von seinem Schriftstellerdasein, er machte es unentwegt anschaulich. Wenn er kochte, dann kochte ein Schriftsteller, wenn er mit einer bewundernswerten Offenheit von seinen Nöten erzählte, dann war er der Schriftsteller in Not. Als frischgebackener Autor verfolgte ich gespannt, wie sich seine Erfahrung, Gefühle, ja Lebensmaterie bei ihm in Literatur verwandelten. Jedes Wort und jeder Satz war literaturverdächtig, ich machte innerlich unentwegt Notizen, und hätte ich eine unsichtbare Kamera dabeigehabt, hätte ich sie während meiner Besuche laufen lassen. Wäre sein Verhältnis zu seinen Söhnen nicht so verquer gewesen, ich hätte mir beinahe gewünscht, ihn ebenfalls als Vater zu haben. Seine Texte öffneten mir eine zweite Wirklichkeit, eine Stadt hinter der Stadt. Er überschrieb mich und half mir gleichzeitig, den Dorfdeppen loszuwerden. So wurde *sein* Paris lange Zeit auch *mein* Paris.

In seinem Viertel, dem 18. Arrondissement, das ich bereits von der Großmutterwohnung meiner Freundin kannte, lebten viele Eingewanderte aus Nord- und Westafrika. In seinen Erzählungen war es ein sprudelndes, düsteres, ungezähmtes und von Armut geprägtes Viertel, wo Paris mit Afrika verschmolz. Eines Tages wurde in seine Schreibklause eingebrochen, und er ließ eine Panzertüre anbringen, um sich und seine Manuskripte zu schützen. Die afrikanische Nachbarschaft, die ihm sein Treppenhaus unsicher machte, war ihm nicht geheuer, und er vermochte die Nonchalance seines Denkens nie auf sie zu übertragen. Die *Andersfarbigen* nervten ihn, nicht weil sie anderer Herkunft waren, sondern weil sie gänzlich literaturferne Umgangsformen pflegten. *Wilde Gesellen*, rief er mehrmals und zeigte sich auch von seinem eigenen *Rassismus* genervt, obwohl er sich außerstande sah, ihn zu überwinden.

Er war kein Begleiter in die kulturelle Vielfalt, eher einer in den weißen Dschungel des Urbanen. Statt mit, lebte er neben den vielen verschiedenen Communities. Er führte ein großstädtisches, intellektuelles und *weißes* Leben, wie es zahllose Pariser und Pariserinnen taten. Er bewegte sich auf vertrautem Terrain. Er hatte ein kräftiges Naturell und zeigte mir Formen verwegener, aber nie primitiver Männlichkeit. Er schwärmte vom Boxsport und nahm mich mit in seine Stadt der Liebe. Einige Male suchte ich mit ihm ein Bordell auf und war so aufgeregt, dass ich die Frauen in endlose und komplizierte Gespräche verwickelte, etwas anderes hätte ich mich gar nicht getraut.

Ich erinnere mich an ein solches, ganz mit Spiegeln ausgeschlagenes Etablissement im 1. Arrondissement. Eine ältere Frau begrüßte ihn herzlich und erkundigte sich sogleich nach seinen Knieschmerzen. An ihrer Seite trotteten zwei große Dalmatiner auf mich zu, und ich rettete mich auf einen Hocker am Tresen, wo ich sogleich von einer jungen Frau in Beschlag genommen wurde. Nun musste ich mich bewähren. Ich verwickelte sie in ein Gespräch, redete mich über Rilkes Paris und über Rodin warm, zog Parallelen zwischen der Prosa und den Sujets der Skulpturen. Die junge Frau hörte mir höflich zu, ließ sich von mir langweilen und bestellte ein Glas Champagner nach dem anderen. Als ich wieder auf der Straße stand, hatte ich ihr einen veritablen Germanistikvortrag gehalten und hüpfte vor Freude, glaubte ich doch, das Abenteuer auf diese Weise bestanden zu haben. Der Schriftsteller lachte.

Nizon bezog viel Energie daraus, die Schweiz zu kritisieren, er war Teil einer kritischen, weltoffenen Schweiz, die es neben der Dorfschweiz auch gab. Unter den Schweizer Autoren und Autorinnen vertrat er die Position der Kraft gegenüber dem gezüchteten Ästhetentum, viriles Durchhaltevermögen gegenüber dem Kränkelnden und Morbiden, das ich an mir selbst kannte; er behauptete sich gegen alle Selbstzweifel, er war der einsame Wolf im Großstadtwald und offerierte Pathosformeln, mit denen er mich und andere in Bann schlug, ohne dass ich fähig gewesen wäre, ihm dabei zu folgen.

Wo ist der Ort deiner Träume? – In all den Jahren traf ich den Schriftsteller regelmäßig auf der Place Colette vor der Comédie-Française unter den Arkaden. Der Platz war eine Bühne, wie man sie nicht besser hätte erfinden können.

Am frühen Abend versammelten sich hier die Leute zum Ausgang. Im Restaurant Nemours sitzend, hatte ich einen direkten Blick auf den Platz: auf die Schöne der Nacht, die in eleganten Stöckelschuhen ihre Beine vorführte, auf den rauchenden *intello* im schwarzen Veston mit Dreitagebart; auf ein Grüppchen mittelalterlicher Theaterbesucher und auf einen Freundeskreis, der ein Transistorradio auf den Platz stellte, um Tango und Milonga zu tanzen.

Warum war ich nicht in einer Großstadt wie dieser zur Welt gekommen! Warum hatte ich keine Freunde, die mich in den Ausgang mitnahmen, um eine Nacht lang durch die Lokale zu ziehen und morgens auf der Butte Montmartre zu frühstücken?

Der rebellische Paul Nizon hielt Paris besetzt und hatte es in eine Stadt des Fin de Siècle verwandelt, seine Ansichten und Gewohnheiten waren die eines spätromantischen Dichters, der sich selbst in seinen erotischen Abenteuern suchte. Das moderne Paris, das Paris der Migrant*innen und fremden Kulturen sah er kaum, und das gab schließlich den Ausschlag dafür, dass ich seinen *Überschreibungen* entgehen konnte. Ich musste keinen Vatermord begehen, sondern konnte mich allmählich von ihm entfernen.

Zuletzt war es etwas anderes, das uns, wie ich heute glaube, verband: unsere Vaterlosigkeit. In den letzten Jahren unserer Freundschaft erzählte er von seinem aus Russland in die Schweiz eingewanderten Vater, der nicht nur der Sprache, sondern auch der Mentalität und dem Aussehen nach ein *Fremder* geblieben sei. In der Schule in Bern habe man ihn immer geneckt und einen *Papierlischweizer* genannt, damals, als das *Vollblutschweizertum* herrschend gewesen sei. Auf diese Weise habe er seinen Vater früh *verloren*. Vielleicht sei es diese Vaterlosigkeit gewesen, die ihn dazu motiviert habe, sein Schreiben und seine Existenz ganz aus sich selbst zu begründen. Die Endgültigkeit seines Ankommens in Paris bestätigend, erkundigte er sich dann bei der Regierung nach einem Begräbnisplatz auf dem Cimetière Montparnasse. Er hatte, seit unserem ersten Zusammentreffen an der Place Clichy, nie etwas anderes behauptet, als ein Exilierter zu sein.

Was konnte ich von ihm lernen? Man lernt nie nur das, was vorbildhaft ist. Vielleicht lernt man gerade von jenen am meisten, die man ablehnt, weil man nicht so sein will wie sie. So wie mir wahrscheinlich niemand – außer den drei Mutterfiguren in meinem Leben – so viel beigebracht hat wie mein abwesender Vater Ralph. Ich weiß darum nicht, was die drei Schriftsteller, die beim *Lernen* meines Berufes behilflich waren, letztlich für mich bedeuteten. Waren sie Türöffner, Wegweiser – oder eher Hindernisse? Der Mensch ist ein Fisch im Wasser, der sich nach unsichtbaren Strömungen vorwärtsbewegt und selbst dann noch der Menge folgt, wenn er gegen den Strom schwimmt.

Wie ich als Beobachter zum Beobachteten wurde – 1991, ich hatte längst mein erstes Buch geschrieben, verbrachte ich ein Jahr als Stipendiat des Istituto Svizzero in Rom. Als das Jahr zu Ende ging, wäre ich so weit gewesen, der Schweiz für immer den Rücken zu kehren und in Rom sesshaft zu werden. Erst dann fiel mir auf, dass ich es das ganze Jahr über nicht geschafft hatte, Römer oder Römerinnen als Freunde zu gewinnen. Wie also sollte ich in Italien sesshaft werden, ohne einen Bruder, einen Neffen, einen Cousin oder gleich eine ganze Familie zur Seite zu haben? Italien war nicht das offene Land, das ich mir immer vorgestellt hatte; die italienische Gesellschaft verfügte über ausgeklügelte Regeln des Ausschlusses, die man erst in solchen Situationen erkannte, in denen man sich in eine Abhängigkeit begab.

Zurück in der Schweiz wurde ich zum *Stadtbeobachter* der Stadt Zug gewählt. Das Stipendium, das wegen der Existenz eines offiziellen Stadtschreibers umbenannt werden musste, umfasste eine Wohnung im Zentrum, ein Handgeld und die Möglichkeit, sich in der lokalen Presse zu Wort zu melden. Nachdem ich die Wohnung bezogen hatte, fuhr ich auf den Zugerberg, um auf einem Spaziergang die Umgebung in den Blick zu nehmen. Bereits auf der Fahrt den Berg hoch entging mir nicht, wie ich den Passanten auffiel; im Rückspiegel war zu erkennen, wie sich die meisten nach mir umdrehten. Dieser erste, flüchtige Eindruck bestätigte sich im Laufe der folgenden Monate: Nicht nur ich beobachtete die Stadt, sondern die Stadt nahm mich ebenso genau und unerbittlich in den Blick.

Zug war ein Kleinstädtchen, das mich bald an mein Aargauer Dorf erinnerte. Zum ersten Mal, seit ich ausgeflogen war, kehrte ich wieder in ein Dorf mit seinem überschaubaren Alltag zurück. Nach einem Jahr in Rom mit der Freiheit der absoluten Anonymität, die sich zuweilen in düstere Bindungslosigkeit verwandelte, trat ich nun in eine stetige Auseinandersetzung mit der Umgebung. Fast vierzehn Jahre nach meinem agoraphobischen Zusammenbruch, bei dem ich mich nicht mehr aus der Wohnung getraut hatte, sah ich mich vor einer neuen Herausforderung.

Das Dörfliche gefiel mir, ich verliebte mich regelrecht in Zug und kehrte, wann immer ich wegen anderweitiger Verpflichtungen verreisen musste, mit pochendem Herzen dahin zurück. Das Stadtbild war einprägsam, die Entfernungen ohne Transportmittel zu überwinden, ich hielt auf meinem morgendlichen Spaziergang einen nachbarlichen

Schwatz und fühlte mich wie zu Hause. Ich machte mich mit der Verkäuferin des Tabakladens um die Ecke bekannt, bei der ich meine Raucherwaren kaufte. Jeden Morgen empfing sie mich mit einem Lächeln und einem aufmunternden Spruch. Wie finden Sie Zug, wollte sie wissen. Nur eine lobende Antwort konnte die richtige sein.

In der Nähe lag ein Käseladen, in dem man mich, da man mein Bild in der Zeitung gesehen hatte, äußerst zuvorkommend bediente. Vor mir erledigte ein tamilisches Paar in gebrochenem Deutsch seine Einkäufe. Die Verkäuferin bemühte sich den beiden gegenüber um Freundlichkeit, konnte aber ihre Irritation angesichts der Fremdheit des Paars nicht ganz verbergen. Als die Tamilin das Wechselgeld nicht gleich zur Hand hatten, spürte man förmlich die Ungeduld der Verkäuferin. Und als die Tamilin sagte, sie suche Arbeit, wehrte die Verkäuferin erschrocken ab: Nicht bei uns!

Vom lokalen Kulturkreis wurde ich zu einem Kaffeekränzchen eingeladen, wobei man mich gleich zur Begrüßung mit der Frage empfing, woher ich denn eigentlich komme. Nach meiner kurzen Antwort – mein Dorf lag ja nicht mehr als eine Fahrstunde entfernt – hielt man mir einen Vortrag über das Phänomen der *Nachbarschaft*, unter dem ich mir etwas vollkommen Neues vorzustellen hatte. Danach erzählte eine der Anwesenden, wir saßen bei Kaffee und Kuchen, ihr Nachbar habe einen frei herumfliegenden Papagei abgeschossen. Warum denn nur? empörte sich die andere Frau.

Weil diese Vögel nicht hierhergehören, sagte die erste.

Aber das sei ja rassistisch!

Ich schrieb in diesen Wochen an einem Roman mit dem Titel *Der Guayanaknoten*, in dem ich einen der beiden Protagonisten, den Entfesselungskünstler Daniel, in die

Karibik reisen und seine väterliche Herkunft erforschen ließ. Es war das erste Mal, dass ich schreibend die Schweizer Grenzen so weit überschritt. Und es war ein Wagnis, denn ich musste befürchten, dass mir nicht alle Leserinnen und Leser dahin folgen würden. In dieser Stimmung des Selbstzweifels kam eines Tages ein Schriftstellerkollege zu Besuch. Er erzählte mir, in einem Restaurant abgestiegen zu sein, in dem man mich gerade *verhandelt* hätte. Man habe über den Umstand gewettert, dass da ein *Farbiger* das Jahresstipendium erhalten habe.

Wütend packte ich meine Koffer und wollte abreisen.

Aber dann stand ich am Fenster und blickte wieder auf den See hinaus, auf diese glatte, von haarfeinen Rissen durchzogene und von leichten Winden gekräuselte Oberfläche, die zu jeder Tageszeit eine andere Farbe annahm und die zu meinem eigentlichen Seelenspiegel geworden war. Der See war mein Atem und mein Gleichgewicht; er war meine Tiefe und meine Oberfläche. Ich lebte mit dem See, ich fuhr mit dem Boot in seine Mitte, und ich schwamm an heißen Tagen weit hinaus. Ich wollte nicht mehr ohne den See leben.

Von Woche zu Woche lernte ich mehr Leute kennen, von denen einige zu Freunden und Freundinnen wurden, wie die Leiterin des Kleintheaters am Burgbachkeller. Ich überwand meine Schüchternheit und stellte mich an die Bar des Restaurants Rathaus, *Kübel* genannt, trank mein Bier, und unterhielt mich mit den Stammgästen.

Dann sollte ich einen Zeitungsartikel schreiben. Aber zu welchem Thema? Am Stammtisch riet man mir, doch einmal über die Finanzgepflogenheiten von Zug zu schreiben. Ich dürfe aber, um die in mich gesetzten Erwartungen nicht zu enttäuschen, nicht allzu versöhnlich sein. Ich solle, riet man mir, endlich die geistige Saturiertheit dieser wohlhabenden Stadt, die durch einen schändlichen Steuerfuß vom Sitz ausländischer Firmen profitierte, aufs Korn nehmen. Ich solle die Briefkastenfirmen ansprechen. Es gebe zu viel Sattheit, und es herrsche deswegen eine *geistige Windstille*, die anzuklagen quasi mein selbstverständlicher Auftrag sei.

Ich wollte niemanden enttäuschen. Mein Artikel war ein Stich ins Wespennest. Ich hatte nicht vorausgesehen, dass ein Nichteinheimischer die Finger von einer kritischen Betrachtung lassen sollte. Nach Erscheinen der Kolumne herrschte dicke Luft. Eine Wirtin forderte mich auf, statt über geistige Windstille solle ich besser über das Fehlen von Parkplätzen schreiben. Der Bürgermeister hebe immer mehr Parkplätze auf, das sei das eigentliche Problem hier. Dann erhielt ich spätabends anonyme Anrufe, in denen ich gefragt wurde, wie ich mir denn vorkomme, den ganzen Tag in der teuren Wohnung herumzusitzen und ihn mit Nichtstun zu verplempern. Und das auf Kosten der Steuerzahler. Als ich entgegnete, dass ich sehr wohl arbeiten würde und mit den Leuten auf der Straße das Gespräch suche, entgegnete er, er frage sich, wofür ich Geld kriege. Als ich nach seinem Namen fragte, sagte er: Kasperle, Kasperle Müller.

Nach einem Monat glätteten sich die Wogen, und ich zog mit zwei Künstlerfreunden aus Basel ein Kunstprojekt im Einkaufszentrum auf. Mein Theaterstück, *Gilberts letztes Gericht*, gastierte in Zug und wurde rege besucht. Im Burgbachkeller veranstaltete ich Diskussionen und Lesungen, bis mir das Abschiednehmen immer schwerer fiel. Zug war mir ans Herz gewachsen. Die Freund*innen, die Bekannten, die Spaziergänge am See bei der Voliere und auf dem Zugerberg, der Dunst über dem See und natürlich der See selbst, mein Seelenspiegel – das alles würde mir fehlen.

Auf Lesereise – Als Autor reiste ich in ein Land, in dem ich in doppelter Weise fremd war. Einmal als Schweizer, was das Gegenüber meist mit einem ungläubigen Lächeln quittierte. Dann auch als *Farbiger.* Ich zog in die schweizerisch-österreichisch-deutsche Literatur ein, die keine Farben kannte. Ich hatte in der Literaturgeschichte keine Vorgänger. Dass die Großmutter von einem Schriftsteller wie Thomas Mann aus Brasilien kam und PoC war, womit er selbst über einen Anteil an Schwarzsein verfügte, wurde damals weder im Literaturbetrieb noch in der Forschung verhandelt. Die deutschsprachige Literatur hatte sich hauptsächlich an den Traumata des Zweiten Weltkriegs abgearbeitet, aber vom Trauma der Migration erst unlängst Kenntnis genommen, obwohl ihre Länder eine stete Migration zu verzeichnen hatten. Jahrelang hatte man den großen Wenderoman gefordert, aber niemand war auf die Idee gekommen, einen Migrationsroman zu fordern. Ich wurde Teil der deutschsprachigen Literatur, die sich aus den Trümmern erhoben hatte und das sprachexperimentelle Spiel anstelle der Magie oder des gesellschaftlichen Realismus setzte. Eine Literatur, deren Einflussgebiete sich mehr gegen Osten, nach Russland, Polen, Ungarn und Rumänien als gegen Westen, England und Amerika erstreckte. Und kaum gegen Süden, denn Afrika und die Karibik waren, bis auf wenige Ausnahmen, Terra incognita. Eine Literatur, die sich gegen das Frankophone und das Angelsächsische spröd zeigte und eine Sprachinsel in Europa bildete. Ich zog als nicht weißer Autor in eine Literatur ein, die ihre eurozentrische Selbstbezogenheit nie infrage gestellt hatte. Anlässlich meines Erzählbandes *Die gefiederte Frau* schrieb die FAZ 1984, ich sei in der deutschsprachigen Literatur ein *Einzelfall.*

Auf der Suche nach einer Schublade hatte man mich anfänglich zu einem Vertreter der südamerikanischen Literatur gemacht, die damals gerade boomte. Meine Bezüge zu Borges, Bioy Casares, Marquez und anderen magischen Realisten verliehen der Verlegenheit einen wahren Kern. Mit siebenundzwanzig Jahren gab ich einen Roman heraus, der in seinem Temperament lateinamerikanisch, in seiner Handlung französisch und in seinen Farben mediterran war.

Mit meinem unverkennbar helvetischen Akzent musste ich gegenüber Kolleginnen und Kollegen, Verlagen und dem Feuilleton meine Schüchternheit ablegen. Ich sah ein, dass ich nicht Schriftsteller sein konnte, wenn ich nicht das freie Sprechen erlernte. Obwohl ich den Schweizer Akzent nie ganz überwunden habe, lernte ich schließlich zu debattieren und zu diskutieren und die deutsche Intellektualität zu schätzen.

Als 1991 Neonazis einen polnischen Bus in Frankfurt an der Oder attackierten, war ich betroffen. Als Amadeu Antonio 1990 getötet wurde und das Trauma von Eberswalde sichtbar wurde, war ich geschockt, denn ich war als Lesereisender in diesen Regionen unterwegs. Es gelang mir nie, mich abzugrenzen. Die schaurige Redeweise vom *N* klatschen* traf mich ins Mark; ich bat meinen damaligen Verlag, keine Leseanfragen aus deutschen Provinzen mehr anzunehmen. Ich konnte nicht begreifen, dass noch 2016 Einheimische bei rechtsradikalen Angriffen auf Ausländer*innen oder Migrant*innen applaudierten. Ich fühlte mich in den Straßen Deutschlands nicht sicher, obwohl mir statistisch gesehen in den Straßen von Paris vielleicht mehr Gefahren auflauerten. Und so war es denn auch nicht an der Leipziger, sondern an der Frankfurter Buchmesse, als ich in einem großen Festsaal ohne Anlass von einem Mann drohend fixiert wurde. Er hatte sich in einiger Entfernung an der Bar aufgestellt und schaute mich eine halbe Stunde mit stechendem Blick unverwandt an. Ich war wie gelähmt und wagte es nicht, meine Freunde am Tisch auf ihn aufmerksam zu machen. Sie hätten mich nicht ernst genommen. Schließlich musste mich mein Lektor auf die Toilette begleiten. Als ich zurückkam, war der Mann verschwunden, aber er lebte in meinem Kopf weiter. Er war der, der mich am Bahnhof über die Gleise hinweg fixierte, der, der seinen Blick nicht mehr von mir nahm; ich begegnete ihm immer wieder.

Das Land, dessen Einwohner*innen ich für meine Bücher hätten gewinnen sollen, war für mich von Anfang an inneres Ausland. Aber wohin hätte ich gehen sollen? Eine einmalige Situation.

Unter dem Titel »Vom Anderssein erzählen« legte Toni Morrison dar, was es bedeutet, in einem mehrheitlich *weißen* Land eine Schwarze Leserschaft zu gewinnen. In den Lektoraten der Verlage arbeiteten (fast) nur *weiße* Menschen, ebenso waren die Verleger*innen selbst und die Kritiker*innen, mit wenigen Ausnahmen, gleichfalls alle der *weißen* Mehrheit zugehörig. Sie hatten und haben darüber zu befinden, ob ein Buch für ebendiese *weiße* Mehrheit lohnend, verkäuflich, interessant etc. sein würde. Der Versuch, den Leser*innen eine *kontrollierte Wildnis* anzubieten, wie Morrison es vorschlägt, appellierte immer an Weiße, die diese Wildnis in sich trugen oder suchten. Statt schnelle Identifikation war Empathie und die mehr oder weniger große Lust aufs Andere gefragt.

Was passiert mit der schriftstellerischen Imagination eines Schwarzen Autors, der sich auf irgendeiner Ebene immer bewusst ist, dass er seine eigene Rasse (oder sich trotz seiner Rasse) einer Rasse von Lesern präsentiert, die sich selbst als ›universell‹ oder rassenlos versteht?[15]

Die Schweizer Literatur war bis vor Kurzem eine ausländerfreie Zone. Es gab in den Romanen und Erzählungen von Schweizer Autor*innen kaum Personal mit migrantischem Hintergrund. In *Sutters Glück* von Adolf Muschg tauchte ein Fischerpärchen indischer Herkunft auf. Schwarze Menschen gab es noch in Max Frischs Tagebüchern, in denen etwa von *N**, die *pflanzenhaft* vor sich hindösen die Rede ist,[16] was damals, 1950, nicht pejorativ gemeint war.

Doch am Ende, schreibt Morrison, *beschreiben sie [= die Nationalliteraturen] offenbar mit Nachdruck das, was das Bewusstsein ihres Landes beschäftigt.*[17]

Zu sehen, dass sich die Schweizer Literatur fast nur mit der Schaffung eines melancholischen, linkischen, aufrechten, kritischen oder wie auch immer gearteten weißen Schweizertums befasste, war ernüchternd. Da den in den fünfziger bis siebziger Jahren Eingewanderten grundsätzlich jede höhere Kultur abgesprochen wurde, traute man ihnen auch keine kreative Melancholie, keine schriftstellerische Rebellion und keine intellektuelle Schweizkritik zu. Abgesehen von Beat Sterchis *Blösch* waren Figuren mit Migrationsgeschichte kaum je *Helden* in Schweizer Romanen.

Dabei ist das Schweizerische ohne die Konstruktion des Fremden und Anderen nicht denkbar. Seit Gotthelfs *Ueli der Knecht* geht es bei der Abgrenzung gegenüber dem Fremden um die Konstruktion des Einheimischen. Als Vertreter des Anderen waren die Migrant*innen ab den fünfziger Jahren hauptsächlich an der Konstruktion einer helvetischen Identität mitbeteiligt. Das Ausländische blieb Kontrastfolie für die schweizerische Eigenart. Je stärker der Diskurs gegen das Fremde, desto kerniger die Behauptung schweizerischer Identität.

Eine Literaturwissenschaft, die es nötig hat, darauf zu bestehen, dass Literatur nicht nur »universell«, sondern auch »rassenlos« sei, riskiert es, die Nervenbahnen zu dieser Literatur zu durchtrennen, und würdigt damit sowohl die Kunst als auch den Künstler herab.[18]

In der Schweizer Literaturwissenschaft bleibt die Beschäftigung mit hybriden Autor*innen bis dato marginal. Für die universitäre Zirkulation, die aus Seminaren, Sekundärliteratur, Kongressen und anderem besteht, waren sie lange nicht von Interesse. Die Ausschlussverfahren verliefen und verlaufen, wie vieles in der Schweiz, unbewusst und vor allem unausgesprochen. Das Nationalstaatliche wirkt mit seinen Kriterien und Stereotypen immer mit an der Kanonisierung der Literatur. Auch dann, wenn sie vermeintlich den Blick öffnet. Eine unfreiwillige Veranschaulichung dessen gibt der im Sammelband *Nationale Literaturen heute – ein Fantom?* (2004) abgedruckte Aufsatz zum »Kreolischen an der Schweizer Literatur« des Germanisten Michael Böhler. Darin führt Böhler die Kategorie der *créolité suisse* ein, appliziert sie aber an den Texten französischschreibender Antillen-Autoren wie Patrick Chamoiseau und Raphaël Confiant oder am Schweizer C. F. Ramuz, um an ihnen einen Bruch mit der ästhetischen Doxa und dem literarisch dominanten System zu konstatieren. Das Kreolische, schreibt er, sei eine Chiffre für den literarischen Ort des Außerhalb und des Abseits. Ich habe mich beim Erscheinen der Publikation gefragt, warum Böhler meinen wenige Jahre zuvor erschienenen Roman *Der Guyanaknoten*, in dem ich die Kreolität und Kolonialgeschichte meiner Vaterinsel thematisiere, übersehen hatte. Hätte die Bezugnahme auf diesen die kolonialen Muster diskutierenden Roman seine Theorie nicht gestützt? Oder passte der Roman vielleicht deshalb nicht in sein Wahrnehmungsraster, weil er von einem nicht weißen Schweizer geschrieben war? Ausschlussmechanismen lassen sich nur erahnen, kaum beweisen.

Vielleicht unterliegt gerade die Schweizer Germanistik und der Literaturbetrieb generell einer Rezeption, die das, was sich nicht eindeutig als weiß oder nicht weiß, als einheimisch oder nicht einheimisch einordnen lässt, gerne übersieht. Der literarische Ort außerhalb und abseits, so will mir scheinen, ist der zwischen Stuhl und Bank.

Swiss Made – Es gab in der Schweizer Literatur immer eine Abteilung für die Anbetung von Säulenheiligen. Idolisiert wurden die Dioskuren Friedrich Dürrenmatt und Max Frisch. Dementsprechend machte man sich auf die Suche nach möglichen Nachfolgern. Dabei galt, vielleicht selbst schon zu deren Lebzeiten, was Walter Muschg schrieb: *Der nationale Totenruhm wurzelt nicht in ästhetischen Einsichten, sondern in politischen Bedürfnissen und Ansprüchen der Nachwelt.* Die Wahl der Säulenheiligen des Schweizer Literaturbetriebs verriet immer mehr über diesen als über die Gewählten. Man wollte sich in den Säulenheiligen selbst erkennen, man konstruierte sich einen Frisch und einen Dürrenmatt so, wie man sie haben wollte. Der *kosmische* Dürrenmatt und der *feinsinnige* Gesellschaftsanalytiker Frisch waren solche Zerrbilder, die seit Jahrzehnen gegeneinander in Stellung gebracht wurden. Da die Schweizer Literatur eine nahezu migrationsfreie Zone war, gehörte eine Portion chauvinistische (Wunsch-)Energie zur Wahl des Nachfolge-Kandidaten. Dieser sollte nebenbei einen Schuss Volkstümlichkeit aufweisen. Das, was man in der Politik gegenwärtig den

Gmögigkeitsfaktor nennt, über den alle Kanonisierten verfügen.

Peter Bichsel erfüllte diese Wünsche in vielerlei Hinsicht und blieb doch in dem Maße unverdächtig, als er solche Zuschreibungen gleichzeitig glaubwürdig von sich weisen konnte. Als Nachfolger von Frischdürrenmatt kam er nicht infrage, weil er kein Dramatiker war. Und seine intellektuelle Qualität – vielleicht eine der brillantesten in unserem Land – verstand er in sorgsamem Understatement zu verbergen. *Und die Vaterlandsliebe halte ich für ein Verbrechen. Einen Schwindel. Man macht aus dem Land, in dem man lebt, eine religiöse Angelegenheit.*[19]

Zu den besonderen Säulenheiligen zählt Robert Walser, der zum unerschöpflichen Futter der progressiven Germanistik wurde. Die Walsermania, die zuweilen auch Autor*innen erfasste, gründet auf vielerlei Missverständnissen. Eines davon liegt in der Ansicht begründet, dass in Walsers (Selbst-)Verkleinerungssucht eine typisch helvetische Eigenschaft ins Ästhetische gewendet wird. Aber Walsers Diminutive sind nie ohne seine hypertrophe Seite zu haben. Diese Dialektik hat mit brillanter Schärfe sein Namensvetter Martin Walser, der vielleicht beste Walserexeget, herausgearbeitet. Das zweite folgenreiche Vorurteil liegt in Walsers bäuerlicher Erscheinung, die ihn zu einem *von uns* machte. Wiederum unterschlagen wird damit Walsers exzellente Intellektualität, mit der er sich letztlich jede Art von Volkstümlichkeit vom Hals hielt. Wo aufs Bäuerliche rekurriert wird, ist meistens Intellektuellenfeindlichkeit am Werk.

Die Fehleinschätzung der Walserrezeption prägt bis heute das Image dessen, was eine typisch schweizerische Literatur zu sein hat: bodenständig, bescheiden, sprachartistisch und volksnah. Die Selbstverzwergung, ein moralischer Impetus, der dem Gebaren jedes Schweizer Bankers Hohn spricht, wird so zur ästhetischen Leitlinie.

Gegenwärtige Säulenheilige bedürfen eines (kritischen) Patriotismus. Der Säulenheilige spricht gern im Namen der Schweiz; er hat das Nationale im Blick, selbst wenn ihm diese (Denk-)Kategorie nicht geheuer sein müsste.

Dagegen wurden weibliche oder marginalisierte Autor*innen kaum je als Säulenheilige verehrt. Autorinnen scheinen sich weniger gut als Denkmäler fürs Schweizerische zu eignen; Autor*innen mit Migrationshintergrund schon gar nicht.

Ganz allgemein gesprochen handelt es sich beim Kanon um die hierarchisch organisierte Summe all jener Texte oder Autoren, die eine kulturelle Gemeinschaft zu einem bestimmten Zeitpunkt für überliefernswert und mustergültig hält, schrieb der Germanist Matthias Beilein.[20] Laut Beilein zeigt sich in folgenden Punkten, ob ein Autor kanonisiert ist: Er erhält viele literarische Wertungen, Rezensionen, Preise, gesammelte Werke und universitäre Seminare oder Abschlussarbeiten. *Der moderne Kanon*, schreibt Beilein, *ist an die Entstehung und Etablierung einer Nationalliteratur gebunden. Kanonisierungsprozesse hängen nicht nur von einer gemeinsamen Sprache ab, sondern vom kulturellen Selbstverständnis einer Nation.*[21]

Bezüglich des Nationalen hat der Kanon sowohl eine identitätsstiftende wie selbstdarstellende Funktion, obwohl Kanonisierungen individuell verlaufen und oft an politische Strömungen gebunden bleiben. Peter von Matt, einer der einflussreichsten Schweizer Germanisten, meinte dazu: *(V)or allem aber herrscht heutzutage in der breiteren Öffentlichkeit eine Art kultureller Trivialpatriotismus, der alles hochjubelt, was sich an bestehende Schweizklischees anlehnt.*[22]

Alles ist möglich, jetzt noch, am Anfang – Im Jahr 1977 erwachte ich in einem hohen Zimmer über dem Meer. Ich lag in einem Bett, umgeben von weißen Wänden, die von schwarzen Holzbalken unterteilt wurden; eine Mönchsklause, karg und nüchtern. In der Ecke standen ein Stuhl und ein wurmstichiges Tischchen, die Wände waren leer.

Seit meinem Erwachen hörte ich den heulenden Winden zu, die über den Hügel zogen. Winde wie Gesänge, Tonfolgen, die meistens in einem Zischen oder Pfeifen endeten, danach kehrte wieder absolute Ruhe ein. Ich trat ans Fenster und erblickte, über die Kronen der Schirmpinien und Korkeichenbäume hinweg, unten in der Bucht das auf die Uferfelsen schlagende Meer. In der Nacht hatte sich ein Sturm erhoben und peitschte die Wassermassen gegen das Land, eine seltsame, menschenleere Aufgeregtheit lag in der Luft. Es war, als würde die Erde mit sich selbst kommunizieren, sie seufzte, schrie, klagte und sank dann wieder zurück in sich selbst. Alles war gläserne Stille: Augenblicke vor der eigentlichen Schöpfung, bevor der Mensch den Planeten betrat.

Die Wärme, die vom Garten draußen hereindrang, vermischt mit einem trockenen Geruch von Feuer, brachte mich durcheinander. In den ersten Augenblicken des Aufwachens war ich ohne Orientierung gewesen. Dann fiel mir wieder ein: Es war ein Weihnachtsmorgen in der französischen Provence in Ramatuelle. Am Meer spazierte meine Freundin.

Ich verbrachte mehr als eine Woche in diesem Licht, ging mit Paul Valérys *Monsieur Teste* und *Windstriche* die verlassenen Strände entlang, wich den frei laufenden Hunden aus, watete durch die niederen Wasser der auslaufenden Wellen und berauschte mich am Geruch der Pinien. In meinem Kopf wirbelten die Gedanken in einer seltsamen Unordnung, alles kam mir seltsam nahe an diesem Morgen, als wäre die Haut zwischen mir und der Welt verschwunden.

Dann hatte ich einen Tagtraum. Es war auf jeden Fall mehr als nur eine Idee, mehr als ein Gedanke, es war ein Bild und eine Geschichte gleichzeitig: Ich sah einen glatzköpfigen Mann, einen Millionär in einer Villa, die dem Haus glich, in dem ich mich gerade aufhielt. Dieser Mann schritt durch einen labyrinthischen Garten. Er war ein Kenner des Gartenbaus. Ein jüngerer Mann kam von Paris angereist, er würde ein Jahr lang als *gardien* in der Villa leben, und der Millionär würde ihn in die Geschichte der Gärten und des Gartenbaus verwickeln. Wie alles an diesem Bild von Anfang an da war, so auch der Name der Protagonisten. Der Sechzigjährige hieß Leo Brosamer, der junge Mann in meinem Alter Manuel Kornell. Leo Brosamer, diesen Giganten, den ich bis ins letzte Detail in mir spürte, trug im Namen die Bezeichnung *Sämann des Todes*. Das Paradoxon passte. Dass er Leo hieß und glatzköpfig war, erfüllte das Paradox ebenso wie der Umstand, dass er mich mitten ins Leben stieß, in mein Schreiben.

Alles ist möglich. Jetzt noch, am Anfang. Ich hatte meinen ersten Satz gefunden. Das nachträglich Überraschende an diesem ersten Satz war, dass er meine Situation auf den Punkt brachte – und ein fernes Echo von Camus' erstem Satz in *L'Étranger* war. Er enthielt die Erkenntnis, dass ich jetzt, Mitte zwanzig, endlich zum Leben bereit war. Dass ich mit mir anfangen konnte. Diese träumerische Umwandlung meiner Blockade, diese Übertragung einer existenziell gefühlten Aporie in ein Romangeschehen, das alles sollte in den nächsten Jahren und Jahrzehnten mein tägliches Brot werden. Es war ein Geschenk, das Geschenk der Kreativität, ein Geheimnis, das ich bis heute nicht zu durchschauen vermag. Meine Kreativität war buchstäblich meine Rettung. Etwas war in Gang gekommen, durch das ich all die Anschläge in meinem Leben, deren erster darin bestanden hatte, dass mein Vater in betrunkenem Zustand eine brennende Zigarette an mir hatte ausdrücken wollen, überleben und verwandeln konnte. Ich würde weitere vierzig Jahre benötigen, um darüber schreiben zu können – in meinem Roman *Tabak und Schokolade*. Aber die Kreativität wurde zum Medium meiner Selbstverwandlung.

Gleichzeitig hatte ich meinen ersten Romanstoff gefunden. Tag für Tag arbeitete ich bis zu sieben Stunden, bis das Fundament des Romans gelegt war. Ich schrieb die erste Vision weiter, nachdem ich Leo Brosamers Leibesfülle, seine Kleidung (eigelbgelber Anzug), und seinen Schweiß in mir ausgetragen hatte. Die Sätze kamen, ich hatte kaum Zeit nachzudenken, ich schrieb stundenlang ohne Unterbrechung und mit einem unbekannten Glücksgefühl, und als ich aus dem Haus an die Sonne trat, war Leo Brosamer noch immer in mir. Von einem Bild hatte er sich in einen Fast-Menschen verwandelt, eine Figur, mit der ich vierundzwanzig Stunden am Tag weiterlebte. Der labyrinthische Garten der Villa hatte sich ebenfalls vervollständigt, Blumen, Wege, Architektur, Hecken und Teiche waren zu Papier gebracht.

Ich glaube, dass das alles ohne die Nähe des Meeres nicht möglich gewesen wäre. Anfang zwanzig stand ich das erste Mal seit meiner Kindheit wieder am Meer und sah den endlos auf mich zu- und wegrollenden Wellen zu. Zwar handelte es sich nicht um die dunkle *Karibische See*, sondern um das helle, römische Mittelmeer, *Mare Nostrum*, aber das eine Gewässer rief das andere in mir wach, sodass ich immer wieder auf meinen Spaziergängen in jene dunkle, erinnerungs- und sprachlose Region meiner ersten Kindheitsjahre zurückfiel.

Das grüne Licht des Urwalds, seine Gewächse, die herumfliegenden gelb-blauen Kolibris, die Atmosphäre meines ersten Lebensjahrs auf der Kakaoplantage der Asa Wright in Trinidad mit meiner Mutter kehrten in Ramatuelle wieder. Jene Einsamkeit, die immer wieder von Vogelgezwitscher und dem Krächzen unsichtbarer Papageien unterbrochen wurde. Jenes Glück des tropischen Urwalds war auf einmal wieder da.

Damals, am Nachmittag des Silvesters, fuhr ich mit meiner Freundin in einen großen, menschenleeren Géant Casino, der im Hinterland lag, und wir kauften Baguette, Paté und eine Flasche Champagner. Auf der Rückfahrt rauschte der warme Wind durch die Pinienäste, es war für diese Jahreszeit viel zu warm. Ich setzte mich an den wurmstichigen Tisch im Mönchszimmer und schrieb jene Passage, die dann zum Schluss meines Romans *Die verborgenen Gärten* wurde:

Merkwürdigerweise ist jetzt ein besonders flauer, träger Wind aufgekommen. Aufgetrieben durch diesen Wind und die heftigen Regenfälle der letzten Tage haben die Pflanzen wie rasend zu wachsen begonnen. Junge, zarte, frühlingshafte Knospen brechen überall hervor. Das Grün wuchert. Der Anblick ist beängstigend. Die Wege durch den Garten sind bis zur Unkenntlichkeit zugewachsen und vielfach sogar verschlammt. Am stärksten von diesem Wachstum aber sind die tropischen Pflanzen betroffen. Die Kakteen blühen vorzeitig. Die Bäume sind krank, und rettungslos wird ihr Geäst niedergedrückt von dem neuen Wachstum der Pflanzen. Und all das jetzt, wo es noch immer Winter ist. So wird die

Zeit absehbar, wo alles überwuchert sein wird, wo kein Garten mehr sein wird, sondern nur noch eine alles verschlingende, sich selbst auflösende Natur.[23]

Von heute aus gesehen war *Die verborgenen Gärten* auch eine Parabel auf mein Fremdeln im eigenen Land. Ich fand Lust an der Maskierung, und gleichzeitig versteckte ich mich in Romanfiguren, in Rollenprosa und surrealen Geschichten. Die Realität war etwas, das zu entwerfen war – veränderbar in meiner Vorstellung. In den folgenden Büchern probte ich Lebensentwürfe in neuen Figuren, dehnte das Ich über die Grenzen meiner Haut aus. Ich trat in *Die gefiederte Frau* als alter Ethnologe auf, im *Mann ohne Licht* war ich ebenso der junge Erzähler Mario wie der alte Schriftsteller Loder. Ich ließ mein Ich in tausend Scherben aufsplittern in *Außer mir* und entwarf mich in späteren Büchern als Wolkenbeobachter, als Liebender und als Knotenspezialist.

In der Zwischenzeit wurde ich älter, und die Geburt einer Tochter stellte nicht nur mein Schreiben infrage, sondern veränderte meinen Ort in der Welt. Mit der Schwangerschaft meiner Lebensgefährtin stand die unerledigte Angelegenheit meiner Herkunft wieder vor der Tür; anzugehen und erst recht zu bewältigen war sie nur schreibend. Nicht allein mit meiner Vaterschaft, sondern auch mit dem Tod meines Stiefvaters und schließlich dem Zusammentreffen mit meinem leiblichen Vater wurde mein Schreiben realitätsoffener. Ich musste meinen Ort im Gefüge der Familie und meines Landes finden. Mit *Meine Väter* veränderte sich das Erzählen gegenüber der Realität: Ich war Robert, der seinen Vater suchte, und gleichzeitig war ich auch Ray, der Vater selbst, ich war die anderen Figuren, in deren Imagination und Fiktion sich das Erzählen einnistete. Mein Schreiben wurde mit jedem Buch poröser gegenüber dem Faktischen, denn ich begriff, dass mein Ich sich im Echoraum von familiären, gesellschaftlichen und politischen Kontexten zusammensetzte. Noch immer schlüpfte ich gern in die Rollen anderer und wurde gleichzeitig zum Arzt Florian Füssli wie zu dessen Freund und Patient Samuel Butt.

Dann traf mich die Black-Lives-Matter-Bewegung: Ich verließ für ein Buch mit der Schwarzen *Tagesschau*-sprecherin Angélique Beldner das fiktive Terrain und wurde mit *Der Sommer, in dem ich Schwarz wurde* zum Zeitzeugen. Nun ging es darum, gesellschaftliche Erfahrungen – Fremdheit und Rassismus – durch meine Person zu beglaubigen. Meine Verortung auf dem Kontinent der Literatur – der letztlich kein Weiß oder Schwarz kennt, sondern nur das Hybride – ließ sich so besser erkennen. Als meine Mutter im Frühjahr 2021 starb, musste ich die Geschichte meiner Herkunft, mit und gegen ihre Narrationen, nochmals neu erzählen. Ich entdeckte, dass meine kleine Geschichte mit der großen Geschichte des Kolonialismus zusammenhing, und drang so in schmerzhafte Schichten meiner Existenz vor. Schließlich kehrte ich zurück in meine Kindheit und Jugend, um die Spuren des Kolonialismus in der Schweiz zu verfolgen.

II

Die Kreolisierung der Schweiz

Eine Stadt wird Schwarz – Im Sommer 2020 veränderte sich das Klima gegenüber *farbigen* Menschen, den PoCs, wie die heute gebräuchliche Selbstbezeichnung lautet. Es fühlte sich an wie ein Märchen der Aufklärung, wenn auch aus traurigem Anlass: Nach den wiederholten Gewaltakten gegen die afroamerikanische Bevölkerung in den USA, die in der Ermordung von George Floyd durch einen Polizisten gipfelte, erfasste auch die Schweiz eine Welle der antirassistischen Proteste.

In den europäischen Städten versammelten sich Tausende von People of Color, um an den Solidaritätskundgebungen von Black Lives Matter teilzunehmen. Auf einmal wurde ich von weißen Freundinnen und Freunden nach rassistischen Erfahrungen befragt, auf einmal wunderten auch sie sich, warum es in den Redaktionsstuben der Medien kaum Menschen mit migrantischer Perspektive gab. Erst jetzt bemerkten sie, dass in den Schulen gut ein Drittel der Schülerinnen und Schüler eine Migrationsgeschichte hatte. In den Kunsthäusern sahen sie die Schwarzen Figuren mit neuem Blick. Die Bilder von Kara Walker wurden diskutiert, und man redete über die Bücher von Ta-Nehisi Coates gleichsam so, als wären die darin erzählten Geschichten Teil einer gemeinsamen großen Geschichte. Die Verdrängten der Gesellschaft wanderten ins Zentrum. Im Innern der Gesellschaften wurden geräuschlos Stühle verrückt, Positionen revidiert, Schubladen entstaubt und neue Brillen anprobiert. Der Nachbar am Nebentisch biss in meiner Gegenwart nicht mehr ostentativ in einen M*-kopf, und der Wütende am Stammtisch setzte sich mit dem N-Wort nicht mehr ins gemächliche Selbstverständnis. Aus *Afrika* wurden einzelne Länder mit eigenen Namen, Kulturen und historischen Vergangenheiten, aus *Rasse*, einem Wort mit Millionen von Toten und Erniedrigten, wurde *Ethnie*, und heute spricht man von Gesellschaften – ohne biologistische Konnotation. Ein Bruch in den rassistischen Narrationen wurde spürbar, wie ich ihn vorher in meinem ganzen Leben noch nie gespürt hatte.

Auch auf dem Basler Barfüsserplatz versammelten sich Hunderte von Menschen, und ich war überrascht, wie viele Basler und Baslerinnen *of color* gekommen waren.

Auf dem Heimweg radelte ich im Kleinbasel durch eine Straße, deren Name auf die Zeiten der Sklaverei zurückging. Sie hieß *Im Surinam*, getauft im Gedenken an eine Überseebesitzung, wahrscheinlich eine Sklavenplantage, die eine gewisse Margarethe Maria Faesch von ihren Eltern als Hochzeitsgeschenk erhalten hatte. Ich fuhr vom Surinam bis zur Mittleren Brücke und dann den Blumenrain hinauf, wo einst das Wohnhaus einer der bekanntesten Söhne der Stadt gestanden hatte: Christoph Merian. Seine Familie, so hatte ich beim Historiker Hans Fässler gelesen, war direkt in den transatlantischen Sklavenhandel verwickelt gewesen. Ich sah Szenen, wie sie sich 1792 zwischen dem Ehepaar Merian-Burckhardt in Basel abgespielt haben könnten und die Fässler so ausmalte:

Dorothea Burckhardt, geborene Merian, (...) würde ihren Mann fragen, was es denn mit diesem Sklavenaufstand in Saint-Domingue auf sich habe, von dem man jetzt immer wieder höre. Und er, der Kaufmann und Gerichtsherr, würde antworten, die Berichte aus

Westindien seien jetzt wieder besser. Es streiften zwar immer noch bewaffnete N in den Wäldern umher, aber die Versöhnung zwischen den Weißen und den Mulatten werde mit Verbrüderungsfesten und Bällen gefeiert. Gemäß der Abrechnung des N*schiffs La Conqérante seien die Verkaufschancen für N* günstig. Falls die Unruhen in Saint-Domingue andauerten, müsste man sie halt in Surinam verkaufen. Dort sei der Preis 650 bis 800 Gulden pro N*, je nach Schönheit.*[24]

Diese Fäden, die sich nun in meinem Bewusstsein zwischen der Alten und der Neuen Welt entspannen, verknüpften meine karibische Geschichte mit der Geschichte Basels, sodass ich mich schließlich für einen Stadtrundgang bei Hans Fässler anmeldete. In kleinen Gruppen schritten wir durch die engen Gassen am Münsterhügel und am Gemsberg, vorbei an imposanten historischen Gebäuden, wir schritten dieselben Wege ab wie die Sklavenhändler Jahrhunderte zuvor, vorbei am *Blauen* und am *Weissen Haus* am Rheinsprung. Die beiden barocken Prachtbauten waren ab 1763 vom Seidenfabrikanten und Hugenotten Jakob Sarasin erbaut worden. Es war jene Zeit, in der der globale Dreieckshandel blühte: Sklavenhändler aus Europa tauschten Textilien wie die auch in der Schweiz hergestellten *Indiennes* gegen Sklaven und Sklavinnen ein. Diese wurden unter grausamen Bedingungen von den Küsten Westafrikas nach Amerika transportiert und dort gegen Rohstoffe wie Kakao, Zucker und Kaffee verkauft. Basler Familienunternehmen wie Riedy & Thurninger, Weis & Fils oder Burckhardt & Cie. verdienten bei diesen Geschäften ein Vermögen. Sklavenschiffe wurden von Basler Versicherungsgesellschaften versichert, oder aber diese stellten das Risikokapital zur Finanzierung der

Sklavenschiffe, auch das ein einträgliches Geschäft. (Ein für fünf Gulden erworbener Sklave brachte in Amerika durch seine Arbeitskraft das Zehnfache an Zucker ein, der wiederum als teures Luxusprodukt bei der europäischen Oberschicht auf den Tisch kam.) Zwischen 1782 und 1815 war Burckhardt & Cie. an 21 Sklavenexpeditionen beteiligt, bei denen über 7000 Sklaven und Sklavinnen verschleppt wurden und 1100 von ihnen ums Leben kamen. Dieser ausbeuterische Deal wurde also nicht nur zwischen den Küsten Westafrikas und Amerika abgewickelt, sondern ging auch über Schweizer Verhandlungstische. So verdienten Basler Familienunternehmen ein gutes Sümmchen und konnten ihre schönen Häuser bauen.

Dieser Menschenhandel, auch von lokalen Historikern wie Niklaus Stettler, Peter Haenger und Robert Labhardt am Beispiel der Welthandelsfirma Burckhardt & Cie. gut erforscht, trug zum Reichtum Basels bei. Sein Zustandekommen birgt Geschichten, die nicht in den Schulbüchern stehen, Geschichten vom Beginn des Welthandels und der Globalisierung mit Basler Beteiligung.

Während ein feiner Nieselregen über unseren Köpfen niederging, kosteten wir vor dem Kollegiengebäude Schokolade, die der Historiker und Kolonialismusforscher Karl Johannes Rechsteiner selbst hergestellt hatte, und ließen uns in die Geschichte des Kakaos einführen. Aus den Kakaobohnen hatten die Azteken das Kultgetränk Xocolatl gewonnen. Von den spanischen Konquistadoren entdeckt, wurden Kakaobohnen, Gewürze und Zucker danach im Dreieckshandel nach Europa geschifft, wo sie als Delikatessen wie Stimulantien galten und in speziellen Porzellangefäßen angeboten wurden. Krämer aus Italien, sogenannte *Cioccolatieri*, brachten Schokowürste auf den Markt. Die Schweizer aber betrieben auch selbst Sklavenplantagen, wie z. B. Isaak Faesch und Johann Jakob Hoffmann im 18. Jahrhundert im karibischen Sint Eustatius. Durch Sklavenarbeit gewonnene Kakaobohnen wurden in Europa verarbeitet und versüßten bald mehr als nur den Vermögenden das Leben. Das zwinglianische Zürich musste Schokolade wegen seiner aphrodisierenden Wirkung verbieten, während in den Berner *Chocoladenstuben* allzu lockere Umfangformen herrschten.

Die Universität, vor der wir zuletzt standen, war im Jahre 1460 gegründet worden; es war die älteste Universität der Schweiz und eine der Geburtsstätten des Humanismus. Erasmus von Rotterdam war hier gewesen, auch der junge Friedrich Nietzsche. Dozenten wie Bachofen, Bernoulli, Edgar Bonjour oder Walter Muschg hatten die Fama dieser Stätte weitergetragen. 1890 immatrikulierte sich hier die erste Studentin der Medizin, Emilie Frey. Die Wissensschätze wurden in der immensen Universitätsbibliothek mit über drei Millionen Büchern und Schriften gelagert. Hier war ich als Student in den achtziger Jahren ein und aus gegangen.

Zu den Prominenten der Universität hatte auch der Stadtschreiber Isaak Iselin gehört, dessen Denkmal mitten in der Stadt steht. Iselin galt als Kritiker der Sklaverei und als Menschenfreund, lieferte aber mit seinem Buch *Philosophische Muthmassungen über die Geschichte der Menschheit* gleichwohl Beiträge zu einem erschreckenden Fremdenbild. Über die Völker des Südens schrieb er: *So sind dem warmen* Süden *Trägheit und Schwäche des Leibes, Eingeschränktheit und Erschlagenheit des Gemüthes, Ruhe und Vergnügsamkeit eigen.*[25] Die Indigenen Amerikas hielt er für dumm, unempfindlich und zügellos in ihren Begierden, kurz: für tierisch. An ihnen haftete *ein elender Mangel alles dessen, was den wahren Menschen ausmacht*[26].

Ihm stand hundert Jahre später, 1838, der Rektor der Uni, Dr. Friedrich Fischer, in nichts nach: *Die Haut des N* ist immer feucht und übelriechend.* Fischer glaubte, dass die *Begierde*, die *Gefräßigkeit* und der *Geschlechtstrieb* bei den N* wie bei den Fischen gleichermaßen nachzuweisen waren. Nicht besser tönte es bei Jacob Burckhardt, dem gefeierten Autor von *Die Kultur der Renaissance*. Er unterschied zwischen *höheren und geringeren Rassen*, um unter den letzteren die *N*völker, die Wilden und Halbwilden* zusammenzufassen. Das sogenannte äthiopische Volk rechnete Burckhardt zu den *ganz verkommenen oder geistig unfähigen Völkern.* Burckhardts Menschenbild ist das eines rassistischen Eurozentrikers und war bei den Nazis hochgeschätzt; die Wirkung seiner Konstruktion des den anderen Völkern überlegenen weißen Mannes zeigt sich bis in die heutige Zeit.

Diese *Blutflecken* auf dem Image der Universität und einigen Repräsentationsbauten Basels warfen ein anderes Licht auf die städtische Bausubstanz. Dabei musste ich mich an Walter Benjamins Einsicht erinnern, nach der es kein Dokument der Kultur gibt, das nicht zugleich eines der Barbarei ist.

Decolonize you – In meiner Gymnasialzeit waren die Kolonien weit weg. Sie lagen in Afrika oder in Asien, und meinem Geschichtslehrer waren sie kaum ein Wort der Erwähnung wert. Er trug einen Bürstenhaarschnitt, war ein hohes Tier beim Militär, und der Kalte Krieg brachte ihn regelmäßig in Wallung. Sein Blick ging nach Osten, von da kam die Gefahr.

An Sonntagen kochte meine Mutter nach Rezepten, die aus den Kolonien kamen. Ein indisches Curry mit

Mango-Chutney, scharfer Pfeffersauce, Dal und Roti. Die Pfeffersauce war nicht wirklich indisch, sondern kam aus einem Supermarkt in Trinidad, jener karibischen Insel, in die meine Mutter meinem indischstämmigen Vater gefolgt war. Die Pfeffersauce entstammte einer kreolischen Rezeptur und war so scharf, dass sich vorlaute Gäste die Zunge verbrannten.

Aufgrund meines Äußeren als *mixed-race person*, also meiner etwas dunkleren Hautfarbe, waren die Gäste der Meinung, dass ich die Pfeffersauce besser vertrüge als sie. Ich übernahm diese exotisierende Zuschreibung. Zwar war ich im Aargau zur Welt gekommen, aber danach mit meiner zwanzigjährigen Mutter und meinem karibischen Vater auf dem Schiff über den Ozean nach Port of Spain gefahren. Dort verbrachte ich, nachdem sie sich getrennt hatten, mit meiner Mutter die ersten vier Jahre meines Lebens auf einer Kaffee- und Kakaoplantage mitten im Regenwald, wo sie als Sekretärin arbeitete. Ich war acht Monate alt, und nachts hörte ich das Tschilpen, Röhren und Krächzen der unsichtbaren Kreaturen aus dem Urwald, während tagsüber Kolibris wie schillernde Farbtupfer um mich herumflatterten. Meine Mutter besorgte die Buchhaltung der Plantage und zahlte die Löhne aus, während ich von einer Schwarzen Gouvernante namens Irene gehütet wurde. Irene sang mir Einschlaflieder vor, und als ich erkrankte und hohes Fieber hatte, betete sie zu Shango, dem obersten Gott der Voodoogemeinde. Sie packte mich an den Füßen, schwenkte meinen Körper über dem Feuer, in das sie Kräuter gestreut hatte, und auf einen Schlag war das Fieber verschwunden. Irene war die Nachfahrin von Sklav*innen, die seit Jahrhunderten von französischen und spanischen Kolonisten auf die Inseln gebracht worden waren. Meine Erinnerung an sie ist verschwommen, ich kenne nicht einmal ihren Nachnamen, aber ihre Stimme bleibt mir im Gesang von Natalie Cole oder Billie Holliday immer gegenwärtig.

Über Jahrhunderte bildete der Kolonialismus das gewaltsame Band, das die kolonisierten Länder mit den europäischen Weltmächten verband. Der Kolonialismus ging nicht mit der Befreiung dieser Länder im letzten Jahrhundert zu Ende; er prägt das Bild, das wir vom Anderen haben, bis heute. Unsere Vorstellung von den Ländern und Menschen im *globalen Süden* stammen aus der Zeit, als Europas Metropolen ihre Hauptstädte waren.

Als ich vor Jahren für einen Roman die Geschichte meiner Vorfahren recherchierte, begann ich zu begreifen, wie *kolonial geprägt* auch meine Biographie war. 1876 war mein Ururgroßvater Baap Sinanan als Kontraktarbeiter in den Diensten der British East India Company unter unmenschlichen Bedingungen in die Neue Welt verschifft worden. Unter Auflagen, die denen von Sklavenarbeit vergleichbar waren, hatte er seine zehnjährige Arbeitszeit in den Lagern und auf den Zuckerrohrfeldern absolviert, bevor er zum freien Mann wurde. Die Erkenntnis, der Ururenkel eines von kolonialer Gewalt entwurzelten und gezeichneten Mannes zu sein, eröffnete mir den Horizont auf die abgründigen Verflechtungen des Kolonialismus mit der Gegenwart. Wichtige Texte von postkolonialen Theoretiker*innen und die zunehmend dringlichen Fragen der Dekolonisierung unserer Institutionen und Museen ließen Risse in meinem Vergessen entstehen. Denn auch ich hatte, wie mein Geschichtslehrer, bis dahin unter dem gelitten, was der jamaikanische Kulturwissenschaftler Stuart Hall *koloniale Amnesie* nannte, ein aktives Vergessen der Zusammenhänge zwischen der Schweizer- und der Kolonialgeschichte. Wie die Mehrheit der Schweizerinnen und

Schweizer war auch ich der Meinung gewesen, dass die Schweiz nicht nur keine Kolonien besessen, sondern auch nichts zum Kolonialismus beigetragen hatte. Damit lagen wir falsch. Dank der Forschungen des Historikers Hans Fässler und anderen weiß man heute, dass jede Schweizer Stadt ihre mit Sklavengeld gebauten Schmuckbauten hat und dass unser Land am Dreieckshandel mit Sklave*innen, Textilien und Gewürzen mitverdiente. Nichtsdestotrotz schien bis vor Kurzem die Schweiz von der Kritik an der Sklaverei und am Kolonialismus verschont. Wenn es überhaupt etwas Koloniales in der Schweiz gäbe, so die herrschende Meinung, dann seien es die Berge mit ihren Berglern. So erzählte uns das René Gardi, der Afrikaforscher in seinen putzigen Büchern in den sechziger Jahren. Gardi verglich *seinen* Stamm in Ostafrika gerne mit Schweizer Bergbauern. Mein Geschichtslehrer, dem Afrika ein dunkler Kontinent blieb, garantierte uns, zusammen mit René Gardi, die historische Unschuld im Zusammenhang mit kolonialer Gewalt. Die Entkoppelung der nationalen von der kolonialen Geschichte in der Schweiz funktionierte so perfekt, dass der Bundesrat noch 2003 auf eine Interpellation der St. Galler Nationalrätin Pia Hollenstein bezüglich des helvetischen Beitrags zur Aufarbeitung der Sklaverei erwiderte, die Schweiz habe lediglich eine vermittelnde Rolle eingenommen, sie sei nicht an der Sklaverei beteiligt gewesen.

Vier Jahre lang lebte ich mit meiner Mutter in der ehemaligen Sklavenplantage mitten in Trinidads Regenwald, robbte durch die Kakaopflanzen und spielte mit den Kaffeebohnen, nicht ahnend, dass ich später einmal die Trinitario-Bohne als Schokolade veredelt bei einem Schweizer Großverteiler finden würde. Vielleicht bin ich deshalb ein Schokoladensüchtiger geworden und habe

Schokolade zeitlebens in allen Formen verschlungen: als Weihnachtskugel am Christbaum wie als Osterhase, als Mousse zum Dessert wie als Riegel bei Wanderungen. Als Student tischte ich gar eine Verhunzung der helvetischen Nationalspeise auf: das Schoggifondue. Bis mich ein Nierenstein zum Maßhalten zwang.

Über meinen Körper gingen die Sichtweisen des Kolonialismus in mich ein. Als Bub glaubte ich den Zuschreibungen, dass ich einen anderen Körper hätte als meine weißen Freunde, dass ich also die scharfe Pfeffersauce *im Blut* hätte. Oder dass ich gerne an die Sonne gehen und die Hitze gut vertragen würde.

Gleichzeitig übernahm ich die Vorliebe fürs Britische von meiner Mutter, die sich als junge weiße Frau in Trinidad mit Engländern angefreundet hatte. Die englische Marschmusik, die wir am Sonntagmorgen hörten, wenn meine Mutter die Schallplatte von John Philip Sousa auflegte, ging mir durch Mark und Bein. Wenn sie diese Schallplatte spielte, fühlte ich mich als Teil eines großen Weltreichs. Fegte englische Marschmusik durchs kleine Arbeiterhaus im Wynental, vermischte sie sich mit den Märschen der Musikgesellschaft meines Dorfes, in der mein Großvater die Trompete spielte. An Festtagen marschierte ich trittfest hinter der dörflichen Musikformation her. Dass Marschmusik den Takt und Geist militärischer Aufmärsche aufnimmt, jagt mir noch heute, der ich zeitlebens alles Militärische verabscheut habe, einen Schauer über den Rücken.

In meiner Frühzeit identifizierte ich mich also nicht nur mit der Kolonie, sondern auch mit den Kolonisatoren. Britishness begleitete meine Kindheit seit meiner Rückkehr aus Trinidad. Die Mentalität der Siegernation galt in der Schweiz als widerständig, eigenwillig und fortschrittsaffin; englische Tugenden waren hoch im Kurs. Wenn meine Eltern Englisch redeten, galten sie in der Nachbarschaft als fortschrittlich. Englisch war in den Fünfzigern und Sechzigern die Sprache der Siegermacht und des neuen Lifestyles. Als Bub trug ich englische Kleider, einen blauen Blazer und Krawatte. Aber warum waren englische Militärmärsche und nicht die Songs der Calypsonians oder die Rhythmen der trinidadischen Steelbands zum Backgroundsound meiner Kindheit geworden? Warum trug ich englisches Tuch und nicht indisch-karibische Hosen?

Das hängt mit meiner Mutter zusammen. Als Tochter zweier Stumpenarbeitenden war sie mit achtzehn nach London ausgebrochen, wo sie meinen Vater, einen Trinidader, kennengelernt hatte. Mit ihm auf Trinidad war sie als weiße, europäische Frau Teil der indischen wie der britischen Gemeinde. Ihre Entscheidung, mir die britische und nicht die indisch-karibische Perspektive mitzugeben, fiel unbewusst. So verinnerlichte ich die Gewohnheiten und Werte der Unterdrücker mehr als die der Unterdrückten. Nach den Voodoogesängen meiner Schwarzen Gouvernante Irene lernte ich also *nursery tales*, und wenn meine Mutter von den Besuchen der Queen Elisabeth auf der Insel schwärmte, wurde die Queen auch *meine* Königin. Meine Mutter identifizierte sich lieber mit den Siegern des Zweiten Weltkrieges als mit den Opfern des britischen Kolonialismus. Wie alle anderen im Land übernahm sie die koloniale Perspektive. In der Pubertät ging meine Englandliebe dann bruchlos weiter mit der Liebe zur britischen Musik, britischem Fußball und britischem Lifestyle.

Aber wenn ich als Bub durch mein Wynentaler Dorf ging – ähnlich wie James Baldwin, der in jenen Jahren durch Leukerbad ging –, wurde ich mit Zuschreibungen aller Art eingedeckt. Im Unterricht war der Englischlehrer der Ansicht, man könne mir, dank meiner Britishness, kein Englisch mehr beibringen, obwohl meine Aussprache miserabel war. Wenn ich nach dem Turnen duschte, wenn ich als Fußballer über den Rasen dribbelte oder in der Disco tanzte, war ich für die anderen die Verkörperung eines Südmenschen. Mal ein türkischer Junge oder ein mexikanischer Schlingel, ein arabischer Wüstensohn und dann wieder ein sizilianischer Bub. Mit der Zeit wurde daraus mein Zelig-Syndrom (nach dem wunderbaren Film von Woody Allen): Meine Identität changierte je nach der Umgebung und dem Wissensstand meines Gegenübers.

Notgedrungen übernahm ich die Zuschreibungen der anderen. Wurde ich nach meinen Lieblingsspeisen gefragt, nannte ich scharfgewürztes Curry und Ananas, in Styropor eingelegte Datteln und die Kokosnuss, die mein Schweizer Großvater, Eddie Galliker, mit Hammer und Nagel spaltete. Um die Ecke war ein *Kolonialwarenladen*, in dem es damals, in den sechziger Jahren, nicht nur Kartoffeln und Karotten, sondern auch Reis, Kaffee, Orangen und andere *exotische* Früchte zu kaufen gab. Diese *Südfrüchte* brachte ich mit mir in Verbindung; heute würde ich von einer Re-Identifizierung sprechen.

Überhaupt war mein kleines *weißes* Dorf in enger Tuchfühlung mit Kolonialwaren. Das Haus, in dem ich aufwuchs, war ein Tabakhaus. Die Tabakfabrikanten hatten keine Berührungsängste mit den Kolonien und kauften ihre Tabakballen in der halben Welt zusammen. Die zigarrenrauchende Oberschicht verfiel diesen Genussmitteln ebenso wie die einfachen Leute, alle verschlangen die an der südlichen Sonne gereiften Aromen. Sie atmeten den Rauch in den Fumoirs der Herrenhäuser wie in den Jassstuben, wo mein Großvater saß. Alle rauchten im Dorf, als gälte es, sich die fremden Welten einzuverleiben. Schwere

Tabakwolken durchzogen die Moränenschwermut des Oberwynentals. Premium-Zigarren bis zur Brissago und dem krummen Villiger Stumpen: *Exotische* Genussmittel drangen in die einheimischen Körper ein, und die Wynentaler wurden ein Teil der Tropen.

In die Körper der Kolonisierten wurden die Gesetze der Kolonialisten eingeschrieben. Das Britische hatte sich bei mir mit dem Indisch-Karibischen zu einer widersprüchlichen Gemengelage verbunden; in mir lebten gleichsam zwei antagonistische Perspektiven. Meine Geschichte hatte lange vor meiner Geburt begonnen und war Teil der Kolonialgeschichte. Sie hatte vor hundertfünfzig Jahren mit der Auswanderung meiner indischen Ahnen in die Karibik angefangen. Und sie begann noch einmal mit der britischen Herrschaft, denn die Trinidader*innen wurden vollständig an die Strukturen des kolonialen Wertesystems assimiliert. Eine von den Engländern gebaute Eisenbahn verband den Osten mit dem Westen der Insel, die Währung war das trinidadische Pfund, und die Straßenordnung war ebenso britisch wie das Schulsystem, in dem irische Patres den in blau-weißen Uniformen steckenden Schüler*innen Shakespeare und Keats eintrichterten, wohingegen über die Indigenen – die Kariben und Arawaks – kaum ein Wort fiel. Während viele Trinidader*innen begeistert am westlichen Fortschritt teilnahmen, floss der Großteil der einheimischen Wertschöpfung, darunter auch die Öleinnahmen, in die britische Staatskasse. Erst nach dem Krieg organisierten sich die afrikanischen und indischen Arbeiter*innen – nach britischem Vorbild! – in Gewerkschaften und erkämpften sich Rechte. 1962 gelang es den antikolonialen Kräften die Inseln Trinidad und Tobago in die Unabhängigkeit zu führen.

Meine Vorfahren väterlicherseits, vorab meine beiden

Großonkel Mithra und Ashford Sinanan, waren aktiv an diesem Kampf für die Unabhängigkeit beteiligt. Beide befreundeten sich mit Gandhi, der die Befreiung der Kolonien in Afrika wie in Indien vorantrieb.

Mein anderer Großvater, Budri Ramkeesoon, von den Engländern zum Distriktrichter ernannt, war ebenfalls ein leidenschaftlicher Antikolonialist. Trotz seines antibritischen Engagements fuhr er jedoch einen englischen Vauxhall und ließ sich die Anzüge in London anfertigen. Als Nachzügler der Windrush-Generation, der 1948 einsetzenden Einwanderungswelle nach Großbritannien, emigrierte sein Sohn – mein Vater Ralph – 1958 endgültig nach London und arbeitete bei der Royal Air Force. Die Familie war in den dreißiger Jahren in die Anglican Church eingetreten und hatte, bis auf die Esssitten, viel Indisches aufgegeben.

In der Kolonialzeit waren die Engländer und die Trinidader eine symbiotische Gemeinschaft, auch wenn das Mutterland die politische Macht und die Definitionshoheit über alles behielt. Der britische Machtapparat vermischte sich mit den aus Indien mitgebrachten Kastengesetzen und prägte die Rangordnung unter den Menschen. Das gesellschaftliche Prestige wurde durch das Einkommen, den Rang der Kaste und den Farbton der Haut bestimmt. Je reicher, je heller die Haut und je höher die Kaste, desto weiter oben rangierte man. Indem die Briten die befreiten Sklav*innen gegen die indischen Kontraktarbeiter*innen ausspielten, richteten sie ihre Herrschaft geschickt auf einem *divide et impera* ein. Der im Inselstaat bis heute herrschende Rassismus zwischen beiden Bevölkerungsgruppen ist eine Folge dieser Kolonialpolitik.

Die längste Zeit meines Lebens habe ich die koloniale Perspektive verinnerlicht. Erst die in den letzten Jahren aktuell gewordene postkoloniale Forschung und die Black-Lives-Matter-Bewegung haben mir meinen Eurozentrismus und meine koloniale Vergesslichkeit klargemacht. So weist die Kolonialismusforscherin Patrizia Purtschert gerade auf die unbewussten Aspekte dieser kolonialen Hinterlassenschaft hin. Zum einen vererbte uns der Kolonialismus den Glauben, dass aller Fortschritt allein von den westlichen Gesellschaften ausgeht, zum anderen sehen wir uns Europäer*innen als aktive Subjekte (wenn nicht als hochwertigere Menschen) und die Bevölkerungen des globalen Südens als passiven Teil der Geschichte. Diese Abwertung hat Folgen für das alltägliche Zusammenleben. Welche weißen Schweizer*innen interessieren sich für die Geschichte einer tamilischen Putzkraft, wer hat sich mit der Kultur der Kurden befasst? Generell billigt man Menschen aus den Entwicklungs- und Schwellenländern noch heute kaum eine eigene Kultur zu, höchstens etwas eigene Folklore.

In meinem Dorf waren die italienischen Arbeitskräfte die *Kolonisierten.* Meine norddeutsche Großmutter nahm deswegen ein italienisches Kleinkind in Obhut. Paula war vier Jahre alt und meine erste Spielkameradin. Paula hätte es eigentlich nicht geben dürfen, denn die Kinder von Fremdarbeiter*innen hatten keine Aufenthaltserlaubnis. Wer die im Fremdarbeiterstatut verankerten Erlasse kennt, mit denen die Arbeiter*innen aus dem Süden traktiert wurden, entdeckt darin einiges an kolonialem Denken. Die Arbeitenden galten als minderwertig, unsauber und ungebildet – und sie waren Menschen ohne Geschichte und ohne Kultur. Aus der Tatsache, dass die Saisonniers bei uns *einfache Arbeiten* verrichteten, folgerte man, dass sie keine Geschichte hätten. Sie wurden ein Opfer dessen, was Purtschert als *koloniales Othering* beschreibt.

Die postkoloniale Kritik und die Diskussionen über die Dekolonisierung machten mir bewusst, wie viel vom kolonialistischen Erbe in mir steckte. Sie klärten uns allgemein über Machtverhältnisse auf, die in unseren Körpern und Köpfen weiterleben. Der Kolonialismus heute offenbart sich noch immer in der abwertenden Perspektive und in klischierten Bildern vom Fremden.

Der Ausgangspunkt postkolonialen Denkens, nämlich die saubere Unterscheidung zwischen Unterdrückern und Unterdrückten, kann aber nicht immer aufrechterhalten werden. Zuweilen droht die postkoloniale Theorie das zu übersehen, was sich zwischen den Kulturen abspielt, was als Drittes neu ausgehandelt wird. Sie gibt sich einer Reinheitsphantasie hin. Denn Kulturen sind nie *rein*, sondern Vermischungsaggregate, sie sind dynamisch in dem, was sie an Fremdem aufnehmen und sich anverwandeln. Der indisch-amerikanische Kulturtheoretiker Homi K. Bhabha nennt dieses Aushandeln von Eigenem und Fremdem die Eröffnung eines *Dritten Raumes*. Meine Verwandten auf Trinidad sind weder indisch noch britisch, sondern etwas Drittes, nämlich Trinidader*innen. Sie haben sich das koloniale Erbe so angeeignet, dass daraus etwas Eigenes entstanden ist. Denn zuletzt besteht die Freiheit des Individuums darin, sich selbst jenseits kultureller Zuschreibungen bestimmen zu können.

Ferne Verwandte aus Indien – An einem Maimorgen 2023 erhielt ich Post von meinem Cousin aus Trinidad und Tobago. Er schickte mir Zeitungsausschnitte, da er wusste, dass ich an einem Roman über meine Vorfahren arbeitete. Die Zeitungen feierten enthusiastisch den Indian Arrival Day, die Ankunft der ersten indischen Arbeiter*innen, die

1845 auf dem englischen Schiff, der Fatel Razack, in die Neue Welt gekommen waren. *Wir begrüßen*, hieß es im *Trinidad Guardian, das reiche Erbe, die geschätzten Kulturen und die wertvollen Bräuche, die sich harmonisch in die eigentliche Schönheit unserer Nation eingefügt haben.* Der Tenor ging dahin, durch den Indian Arrival Day die Erinnerung an die Qualitäten der Ahnen und damit das Selbstbewusstsein der indischen Community zu stärken. Und die Verbindung zu den indischen Traditionen wieder herzustellen, auch um sich besser gegenüber den anderen Bevölkerungsgruppen zu behaupten. Obwohl der Feiertag die gesamte trinidadische Diaspora betraf, meldeten sich nur indische Stimmen zu Wort.

Ich war im Zuge von Romanrecherchen auf die Geschichte meines indischen Ururgroßvaters gestoßen, der sich 1876 im Hafen von Kalkutta auf der Foyle in Richtung Trinidad eingeschifft hatte. Gespannt hatte ich den Genealogen Shamshu Deen in Port of Spain aufgesucht, der seit Jahren die Stammbäume indischer Familien zurück nach Indien verfolgte. Jeder Fall, sagte er mir, sei wie ein Puzzle und einmalig. Doch wenn es ihm gelinge, einen Familienstammbaum zu vervollständigen, ergreife ihn das Gefühl der Vollendung. Der Strang des indischen Erbes sei tief in uns verwurzelt.

Auch in mir hatte sich der Wunsch nach einer Vervollständigung meiner Genealogie gemeldet. Was ich im Folgenden bei meinen Nachforschungen auffand, war aber eher eine traumatische Geschichte von Entwurzelung und Zerrüttung, die zu meinem Aufwachsen in der behüteten Schweizer Umgebung in schroffem Gegensatz stand. Ich begriff jetzt, dass die indische Community eine uralte Wunde heilen musste. Der Riss, der durch jede Familie ging, sollte durch den Anschluss an die Ahnen ungeschehen gemacht werden. Die Suche nach den Vorfahren musste die Auslöschung der eigenen Geschichte rückgängig machen.

Ich hatte Glück. Als ich dem Genealogen meine Daten nannte, sagte er, zufälligerweise sei er wegen einer Familienzusammenkunft gerade dabei, die Geschichte meiner Familie zu rekonstruieren. Und er händigte mir den Emigration Pass meines Ururgroßvaters aus, der, wie die meisten Einwanderer, von der britischen Kolonialmacht getäuscht und hintergangen worden war. Sie hatten ihm eine Reise in das Land versprochen, in dem Milch und Honig fließt. Aber als mein Ururgroßvater die Karibik erreichte, hatte er nicht nur seine Heimat verloren, sondern fand sich in ausbeuterischen Zuständen wieder. Unversehens war er Teil eines der größten Umsiedlungsprogramme und sklavenähnlicher Deportationen geworden, die die britische Kolonialmacht im 19. Jahrhundert in die Wege geleitet hatte. Wie war es so weit gekommen?

Als 1834 in den Britischen Kolonien die Sklaverei aufgehoben wurde, stürzte das Staatseinkommen im Vereinigten Königsreich drastisch ab. Jahrhunderte von Sklavenarbeit auf den Baumwollfeldern, den Kaffee- und Kakaoplantagen hatten dem Britischen Königreich einen Wohlstand und den Vorteil verschafft, die industrielle Revolution in Gang zu setzen. Nach der Abolition aber brach das Wirtschaftsmodell, das auf der krassen Ausbeutung des Menschen durch den Menschen basierte, ein. Die befreiten afrikanischen Sklav*innen machten sich selbstständig. Es dauerte nur wenige Jahre, bis die Plantokratie im englischen Parlament auf die Idee verfiel, sie durch billige Arbeitskräfte aus den anderen Kolonien zu ersetzen. John Gladstone, im Indienhandel tätiger Abgeordneter, startete 1837 das Menschen-Experiment und ließ erstmals 400 Arbeitskräfte von Bengalen nach Britisch-Guayana verschiffen. Gladstone hatte Routine mit menschlichem Besitz; er besaß mehr als 2000 Sklav*innen in der Karibik. Nach der Abolition vergalt ihm die britische Regierung mit über zehn Millionen Dollar seinen Verlust, wie sie es anderen Pflanzern auch tat. Die Sklav*innen gingen leer aus.

Gladstone griff auf die altbewährte Kontraktarbeiterschaft (engl. *indentured labour*) zurück. Diese wurde erstmals im 17. Jahrhundert praktiziert, als Briten und Iren nach Barbados arbeiten gingen, als Aufseher wie als Arbeiter. Das Kontraktarbeiter-Modell besteht in einem Vertrag, in dem sich eine Arbeitskraft für mehrere Jahre bei einem Niedriglohn verdingt, wobei ihr die Rückfahrt in die Heimat bezahlt wird. Faktisch jedoch wurden die meisten Arbeitsaufenthalte zur versteckten Leibeigenschaft. Ab 1837 wurde der indisch-karibische Menschenversand für achtzig Jahre regularisiert, 1845 landete das erste Schiff in Trinidad.

Mein Ururgroßvater Baap Se Ondon hatte sich 1876 als Zwanzigjähriger von seinem Dorf Mojowah in Uttar Pradesh nach Kalkutta aufgemacht. Er war vor einer durch die koloniale Wirtschaftspolitik verursachten Hungersnot im Nordwesten Indiens geflohen, die über fünf Millionen Menschen das Leben gekostet hatte. Insgesamt brachte der britische Menschenhandel zwischen 1838 und 1917 mehr als 400 000 Menschen in die Karibik. Verarmte Inder*innen, Chines*innen und Angehörige anderer Gesellschaften wurden als billige Arbeitskräfte auf die ehemaligen Sklavenplantagen in Britisch-Guayana, Jamaika, Suriname, Mauritius, Fidschi und Trinidad und Tobago gebracht; ganze Generationen wurden entwurzelt.

Die Anwerbungsmethoden der Agenten im Hungergürtel Indiens waren nicht zimperlich, sie reichten von falschen Versprechungen bis zur Entführung minderjähriger Mädchen und junger Frauen. Man lockte die Hungernden mit hohen Löhnen und versprach ihnen das Blaue vom Himmel.

Laut der Passagierliste der Fatel Razack von 1845 erreichten 21 Inderinnen erstmals das trinidadische Eiland, das von den Kolonisten *Westindien* genannt worden war; der Anteil der Männer betrug 225. Wie die meisten Kolonialisten waren auch die Briten nicht an intakten Familienstrukturen, sondern nur an billigen Arbeitskräften interessiert. Nach Protesten – und nachdem einige Parlamentarier die Sittenlosigkeit auf den Transporten beklagt und an der *moralischen Substanz* der Frauen Zweifel angebracht hatten – wurde die Rate leicht angehoben. Es waren ebenso mutige wie verzweifelte Frauen, Dalits oder Witwen, die den Kontrakt unterzeichneten, um sich aus ihrer aussichtslosen Lage im Kastensystem zu befreien. Erst auf den Schiffen war es ihnen erlaubt, einen neuen Mann zu finden. Während der Viktorianismus in Gewächshäusern wie den Kew Gardens tropische Pflanzen zum Blühen brachte und über die Jungfräulichkeit der englischen Töchter wachte, wurden Zehntausende indischer Frauen misshandelt und vergewaltigt. Die Frauen wurden nicht nur auf den Schiffen missbraucht; sie mussten auch auf den Plantagen als Sexsklavinnen für die Aufseher herhalten.

Es war auch ein schottischer Aufseher, der meine Urgroßmutter Rinya Bardeo auf den Zuckerrohrfeldern Plain Palais im Süden Trinidads jahrelang vergewaltigte, sodass sie drei Kinder von ihm bekam. Alle drei von ihnen waren *hellhäutig*, wie man in meiner trinidadischen Verwandtschaft sagt, darunter auch Martha Bardeo, die meinen Urgroßvater ehelichte. So kam nicht nur die hellere Haut, sondern auch das doppelte Trauma der Verschiffung und der sexuellen Gewalt in meine Familie. Und ein neuer Strang ins Gewebe meiner schweizerisch-indisch-karibischen Herkunft: ein schottischer Vergewaltiger.

Nach weiteren Nachforschungen traf ich die guyanisch-amerikanische Schriftstellerin Gaiutra Bahadur, die sich in ihrem Buch *Coolie Woman. The Odyssey of Indenture* grundlegend mit dem Thema auseinandergesetzt hatte. Von ihr erfuhr ich von den Bedingungen, die mein Ururgroßvater bei seiner dreimonatigen Höllenfahrt von Kalkutta bis nach Trinidad erlebt haben musste. In den Hindi-Sprachen gibt es für diese Schiffspassage das Wort *Kaala Pani*, *Dunkles Wasser*, das den Schrecken der Menschen zum Ausdruck bringt, die noch nie ein Gewässer, geschweige denn das Meer gesehen hatten, und denen sprichwörtlich der Boden unter den Füßen wegbrach. Viele gerieten in Panik und begingen Selbstmord, warfen sich über Bord. Andere glaubten, nachdem sie durch diese Hölle gegangen waren, an ihre Wiedergeburt. Um diesen Glauben an die Reinkarnation aufrecht zu erhalten und die Passagiere zu beruhigen, stellten die britischen Seeleute Becken mit Wasser aus dem Ganges auf.

Begonnen hatte die Verschiffung mit dem *Umbau* der Identität und der Erniedrigung der Menschen. Stets geht der Deportation die Zerstörung des Selbst voraus, man beraubt die Flüchtenden ihrer Geschichtlichkeit, ihrer Herkunft, Tradition und Kultur. Sie sind damit das Produkt einer Erniedrigung und Dekulturierung.

In den Ghats, den Hafenanlagen von Kalkutta, wurden die Ankommenden ohne Unterschied von Kaste, Rang, Religion und Geschlecht zusammengeworfen; Hindus kriegten das gleiche Essen wie Moslems, Frauen und Männer mussten sich dasselbe Lager teilen. Ironischerweise wurden die Männer in alte Kleider aus den Beständen der britischen Armee gesteckt, die Frauen in Wollstrümpfe und Flanelljacken. Oder wie es ein bei Gaiutra Bahadur zitiertes Lied erzählt:

Als wir Kalkutta erreichten, wurde unser Elend noch größer.
Wir wurden all unserer schönen Kleider,
Rosenkranzperlen und heiligen Fäden beraubt.
Bengalische Lumpen schmückten uns nun.
Das Haar des Sadhus wurde abrasiert.
Und Sadhu, Dom, Chamar und Bhangi
wurden alle zusammen in einen Raum geworfen.[27]

So wurden aus Bürgerinnen und Bürgern *Coolies*. Das Wort kommt vom Tamilischen *kulī* und bedeutet so viel wie *Lohn*; die Briten machten den Begriff zum Schimpfwort. Sichtbarer Ausdruck dieser Verwandlung von Menschen in wertlose *Coolies* war die Verstümmelung der Namen: Mein Ururgroßvater, der einmal Se Ondon hieß, wurde zu einem Sinanan.

Die Kontroverse, inwieweit die Vertragsknechtschaft als Sklaverei anzusehen ist, wird in Trinidad bis heute mit Leidenschaft geführt. Es sind Diskussionen, die sich durch den kritischen Geist der Postcolonial Studies eines Stuart Hall, einem der Begründer der Cultural Studies aus Jamaika, zuspitzen. Ältere Inder*innen möchten ihre Ankunft nicht mit der Sklaverei verbunden sehen. Andere, wie der aus Guyana stammende Schriftsteller David Dabydeen, bezeichnen das Leben in den Arbeitslagern unumwunden als eine moderne Form von Sklaverei. Tatsache ist: Es gab in den Arbeitslagern keine privaten Räume, die hygienische Ausstattung war miserabel, die wenigen Frauen wurden unter den vielen Männern aufgeteilt, die

Arbeiter*innen durften das Lager nicht ohne Erlaubnis verlassen und wurden von den Aufsehern erschossen, wenn sie sich gegen Befehle auflehnten. Frauen, die vergewaltigt worden waren, wurden beim Einreichen der Klage von den Kolonialisten oft gleich noch einmal missbraucht. Der häufige sexuelle Missbrauch der Frauen durch die Kolonialisten trieb die Männer in den Alkoholismus, sie begingen Selbstmord oder rächten sich an ihren Frauen mit dem Cutlass (die Machete, mit der man Zuckerrohr schneidet), indem sie sie brutal verstümmelten.

Mit der Verschiffung der indischen Migrant*innen gelang es den Briten, eine Pufferzone zwischen sich und die befreiten Sklav*innen zu setzen. Rede nicht mit den Indern, sagten sie zu den Afrikanern, die sind widerwärtig und tragen Krankheiten mit sich. Dasselbe sagten sie auch zu den Indern über die Afrikaner. Sie wurden als Konkurrenten in Stellung gebracht, denn die indischen Einwanderinnen und Einwanderer arbeiteten zu einem niedrigeren Lohn als die befreiten Schwarzen. Nachdem England 1962 die Insel in die Unabhängigkeit entlassen hatte, explodierte der Rassismus. Und die koloniale Gewalt hat Folgen bis heute: Der Alkoholabusus und die häuslichen Übergriffe schlagen sich in einer horrenden Kriminalitätsrate nieder. Auf jeder der karibischen Inseln lassen sich die Etappen, die Gewaltspuren und kulturellen Marken der großen Kolonialgeschichte noch heute deutlich erkennen, auch wenn man die traumatisierenden Aspekte der eigenen Herkunftsgeschichte zu verdrängen versucht.

Der Kontrakt hätte den indischen Arbeiter*innen die Möglichkeit einer Rückkehr nach Ablauf von fünf oder zehn Jahren gewährt. Die wenigsten haben davon Gebrauch gemacht. Auch mein Ururgroßvater erwarb ein Stück Land (das ursprünglich den indigenen Kariben und Arawaks gehört hatte) und bebaute es. Seither versucht jede Generation von Neuem *anzukommen* und die vererbten Traumata zu überwinden. Noch heute wandern viele der gut ausgebildeten Jungen nach Kanada und Großbritannien aus.

Während die alten Eingewanderten die Geschichte ihrer Ahnen zur mythischen Legende verklären, wird sie von Jüngeren zur Bekräftigung ihrer indischen Identität aufgenommen. Sie zelebrieren ihre indischen Feiertage wie Divali, Phagwah oder Hosay mit Selbstbewusstsein. In den Zeitungsartikeln vom 30. Mai dieses Jahres überschlagen sich die Dankbarkeitsbezeugungen. *Honoring those who came*, heißt es, und die indischstämmige Premierministerin Christine Kangaloo ruft dazu auf, sich vermehrt an der Resilienz der Einwanderergeneration zu orientieren. Sie bezeichnet die Ankunft des ersten Schiffes gar als Anfang einer Erfolgsgeschichte. Solche Parolen aber sind weniger der Ausdruck eines neu gewonnen postkolonialen Bewusstseins als der Versuch einer Politikerin, eine Gewaltgeschichte umzuschreiben.

Inzwischen wird diese Deutung auch kritisch diskutiert. Der guyanische Intellektuelle Rajiv Mohabir fragt sich in seinem Essay »Why I Will Never Celebrate Indian Arrival Day«, was da eigentlich gefeiert würde. Drogensucht, Kriminalität und Entwurzelung? Er erinnert daran, dass die Stärkung der indischen Identität zu Konflikten mit den anderen Bevölkerungsgruppen führt. Den *Indian Arrival Day* zu feiern, so Mohabir, heiße, die Gewalt eines *weißen* Systems über *braune* Körper zu verherrlichen. Und er zitiert den Schriftsteller Andil Gosine: *Die Inder sind nicht gekommen: Sie waren lediglich die Fracht in einem System der Unterwerfung, und es ist lächerlich, dass wir den Beginn der Knechtschaft feiern.*[28]

Die Geschichte Trinidads ist auch meine Geschichte. Nach meinen Recherchen weiß ich: Ich bin nicht nur der Enkel einer Stumpenarbeiterin und eines Stumpenarbeiters aus dem Wynental, sondern ebenso der Ururenkel eines Kontraktarbeiters und eines namenlosen Schotten. Der Weg von einem aargauischen Kaff bis zu einem Dörfchen in Uttar Pradesh ist lang. Ich musste ihn schreibend ausmessen, dabei immer dem Echo meiner Geschichte nachlauschend.

Wörter wie zu große Anzüge – Auch in der Schweiz ist *weiß* eine Hautfarbe unter anderen geworden. Die Diversität der Gesellschaft legt es nahe, Weißsein nicht länger als Norm zu setzen. Daraus ergibt sich eine neue Sprachunsicherheit. Wie immer schafft die Sprache Realität und reagiert auf tektonische Verschiebungen im soziokulturellen Gefüge. Jetzt setzen sich neue Wörter anstelle der von kolonialistischen Begriffen kontaminierten.

Hitzig verliefen die Diskussionen über das N-Wort oder das Schaumgebäck, das an der Basler Herbstmesse liebevoll *Beggeschmutz* heißt.

Dem neuen Sprachgebrauch ist die emanzipatorische Anstrengung anzusehen, und einiges bleibt sperrig. Jemanden statt als *farbig* oder *dunkelhäutig* als Schwarz, PoC oder *rassifiziert* zu bezeichnen, verweist zwar auf die Konstruiertheit des Rasse-Begriffs, aber bestraft uns spätestens bei Letzterem mit einem schwierigen Wort.

Als Schriftsteller kann ich mich zwar Schwarz nennen, selbst wenn an mir nichts Afrikanisches ist. *Person of Color* ist als politischer Begriff brauchbar, aber unüblich für eine literarische Verwendung.

Wie soll man Schwarze Menschen bezeichnen, wenn sie

sich nicht gänzlich dem Schwarzsein zugehörig fühlen? Das großgeschriebene Schwarz ist eine politische Verallgemeinerung. Es ist, wie Maria-Sibylla Lotter in der ZEIT schrieb, eine Begriffsblähung, in der auch ein Stück Anmaßung steckt. Eine Kroatin – die unter die Kategorie nicht weiß fallen kann – wird damit einem Senegalesen gleichgestellt. Das ist eine Begriffsunschärfe, von der es noch weitere gibt. Was früher *Kränkung* hieß, wird heute zum *Trauma*. Der Begriff *Mikroaggression* umfasst eine schwerwiegende Herabsetzung als Folge struktureller Gewalt ebenso wie eine bloße Unhöflichkeit oder Gedankenlosigkeit.

Gewiss, erst solche Begriffe heben das Unrecht und das Verletzungspotential gegenüber People of Color ans Licht. Aber sie bleiben gegenüber dem Bezeichneten ungenau. Die Zeit wird zeigen, welche von diesen Anpassungen, die wie Eisbrecher durch unsere *racial bias* pflügen, sich durchsetzen werden. Vielleicht werden diesen Begriffen brauchbarere nachfolgen. Romanfiguren aber sitzen diese Wörter wie zu groß geschneiderte Anzüge.

Ahnungslos verwendete Max Frisch noch das N-Wort in seinen Tagebüchern. Dürrenmatt bezeichnete in seinem Drama *Die Physiker* einen Boxer ungeniert mit dem N-Wort. Diese Unschuld ist den Schreibenden heute nicht mehr gegeben. Eine dekolonisierte Sprache wird der Literatur zum Gebrauch allerdings erst dann möglich sein, wenn sie auch alltäglich geworden ist.

In den Echokammern des Fremden – über James Baldwin *(zusammen mit Robert Leucht)* – 1953 erschien von James Baldwin eine Erzählung, die tief in die Anfänge (anti-)rassistischen Denkens hineinführt. »Fremder im Dorf« liest sich heute wie ein archäologischer Fund, der sieben Jahrzehnte in den Schubladen des Vergessens dahinschlummerte. Gegenwartsautor*innen jedweder Hautfarbe, vor allem Afroamerikaner*innen, beziehen sich auf ihn wie auf einen Gründungstext, in dem das zur Sprache kommt, was im Gefolge von *White Privilege* und *strukturellem Rassismus* in den postmigrantischen Gesellschaften verhandelt wird.

Baldwin erzählt von seinen Auseinandersetzungen mit einem xenophoben Umfeld. Von Interesse an dieser kaum dreißig Seiten langen Schrift ist der Umstand, dass sie nicht im fernen Amerika oder in einem ehemaligen Kolonialland, sondern mitten in der Schweiz spielt, in Leukerbad. Deswegen ist es für mich auch eine Erzählung über die Schweiz.

Baldwin kam in den fünfziger Jahren mehrmals nach Leukerbad, um zu schreiben. Vermittelt wurde ihm die Unterkunft durch seinen damaligen Partner Lucien Happersberger. Und er beginnt seine Erzählung gleich mit dem ironischen Hinweis, dass er wohl der erste Schwarze Mann sei, der dieses kleine Dorf in der Schweiz betreten habe. Tatsächlich ist es die Zeit vor den großen Touristenströmen, die in den sechziger Jahren von Europa aus in den Süden aufbrechen. Und zugleich vor den ersten großen Migrationsbewegungen vom Süden nach Europas Norden. Es ist jene Zeitspanne, in der die Bevölkerungen der unterdrückten Länder ihren antikolonialistischen Kampf bis zur jeweiligen Unabhängigkeit verstärken. Befreiungstexte wie Frantz Fanons *Schwarze Haut, weiße Masken* (1952) und *Die Verdammten dieser Erde* (1969), zu dem Jean-Paul Sartre ein Vorwort schreibt, werden publiziert. 1954 reist Elias Canetti auf Einladung der BBC nach Marokko und begibt sich mit *Die Stimmen von Marrakesch* auf die Suche nach seinen jüdischen Wurzeln –

auch das ein eindrücklicher Text zur Begegnung mit dem Fremden.

Auch Baldwin setzt auf autobiographische Erfahrung und beschreibt, wie die Bewohner*innen dieses Walliser Dorfes – damals waren das gerade etwa fünfhundert – auf seine Erscheinung reagieren. Jeder im Dorf kennt ihn, er fällt auf, sobald er das Haus verlässt, und die Kinder rufen ihm das N-Wort hinterher. Sie finden, sein *Haar habe die Farbe von Teer*,[29] sie wollen es berühren und sind sich sicher, dass er nicht aus Amerika, sondern, wie alle *Schwarzhäutigen*, aus Afrika kommt. Auf fast archaische Weise finden diese Begegnungen zwischen dem anders aussehenden Touristen und den Einheimischen statt, keineswegs aber mit jener Feindseligkeit, die sich der Autor aus den USA gewöhnt ist, sondern mit einem Hauch *des Staunens, der Neugier, der Belustigung und Empörung.*[30] Baldwin will das Fremde in Leukerbad, ähnlich wie Canetti in Marrakesch, unbedingt zulassen, er wehrt es nicht ab und vermeidet vorschnelle Deutungen.

> *Alle körperlichen Attribute eines Schwarzen, die mir in Amerika einen sehr anderen und beinahe vergessenen Schmerz bereitet hatten, waren in den Augen der Dörfler schlicht übernatürlich – oder teuflisch. (…) Ich war einfach ein lebendes Wunder.*[31]

Scheinbar wurde in diesem Dorf *der Brauch gepflegt, Afrikaner zu ›kaufen‹, um sie zum Christentum zu bekehren.*[32] Baldwin zufolge handelt es sich dabei nicht nur um eine hinterwäldlerische Absonderlichkeit, nein: Er beschreibt die Praktik als Ausdruck einer europäischen Mentalität, nach der Schwarze aus der Heilslehre ausgeschlossen sind. Dadurch macht er eine lokale Praktik in ihren globalen Verflechtungen sichtbar. Und führt uns vor Augen, wie sich die ebenso gewaltige wie gewalttätige Kolonialgeschichte Europas bis in das kleinste Schweizer Dorf hinein verästelt.

Die mit dem *Charme aufrichtiger Verwunderung*[33] stattfindenden Fremdbegegnungen lösen im Autor auch Erinnerungen an seine Erfahrungen in Amerika aus.

> *Ein fürchterlicher Abgrund klafft zwischen den Straßen dieses Dorfes und den Straßen der Stadt, in der ich geboren wurde, zwischen den Kindern, die heute N*! rufen, und denen, die gestern Ni* riefen – der Abgrund ist die Erfahrung, die amerikanische Erfahrung.*[34]

In einer großartigen gedanklichen Pirouette dreht sich der Text dann von Leukerbad weg zur sogenannten *Rassenfrage* in Amerika, die Baldwin mit wenigen Sätzen als entmenschlichend beschreibt. Für ihn ist die amerikanische Geschichte ein Albtraum, einer, aus dem er als Schwarzer nicht erwachen kann. Doch dann dreht er die Spirale noch weiter und fragt, wie es denn Weißen ergehen würde, die zum ersten Mal in ein afrikanisches Dorf kommen. Weiße würden sich nicht minderwertig fühlen, würde man ihnen dort über die Haare streichen.

Auf beeindruckende Weise löst Baldwin bei diesen Gedankenspaziergängen die eine Perspektive zugunsten einer Mehrperspektivität auf. Dadurch macht er anschaulich, wie Machtverhältnisse auf globaler Ebene das Zusammenleben von verschiedenen Gemeinschaften regeln und wie weit sie den Alltag von People of Color bestimmen.

Zu den verblüffendsten Seiten dieses Textes gehört, dass er sich, obwohl aus der Feder eines US-Amerikaners stammend, bruchlos in die Schweizer Literatur des 20. Jahrhunderts einschreibt. Als Baldwin »Fremder im Dorf« zu Papier bringt, floriert in der deutschsprachigen Literatur gerade das Schreiben von Dorfgeschichten: Friedrich Dürrenmatt und Otto F. Walter in der Schweiz, in Österreich Hans Lebert – sie alle zeigen während dieser Jahre einen ausgeprägten Hang zur Beschreibung dörflicher Milieus. Die Gründungsideologie der Dorfgeschichte verkehrend, das heißt die Darstellung der dörflichen Welt als vorbildlich setzend, lassen sie, Baldwin vergleichbar, Außenseiterfiguren, Fremde, auftreten, die das inhumane Gesicht dieser Dörfer entblößen. Nicht zufällig tragen diese Ortschaften sprechende Namen wie Jammers, Weng, Schweigen oder, vielleicht am bekanntesten, Güllen.

Und obwohl nur Baldwin von wirklich handfesten Erfahrungen berichtet, lässt sich, lesen wir seine Schilderung von Leukerbad vor der Folie von Dürrenmatts Güllen, eine verblüffende Nähe bemerken: *Es gibt ein paar Läden, Metzger, Bäcker (…) und einen Geldwechsler – der keine Reiseschecks wechseln kann, sondern diese nach unten an die Bank weiterleiten muss (…).*[35] Ein Baldwin'scher Satz, der auch bei Dürrenmatt stehen könnte.

Der Schweizer Schriftsteller Gerhard Meier hat einmal bemerkt: *Was im Dorf geschieht, geschieht in der Welt, und was in der Welt geschieht, geschieht im Dorf.* Ganz in diesem Sinne liegt der Reiz der Dorfgeschichte seit jeher darin, anhand eines überschaubar gemachten Milieus Probleme von größerer Tragweite zu exponieren. Diese Grundbewegung vom Kleinen zum Großen, von Leukerbad zu weltumspannenden Fragen, vollzieht auch Baldwin. Das Dorf ist sein Dreh- und Angelpunkt, doch seine Reflexionen über die Ungleichheit zwischen Schwarzen und Weißen greifen weiter aus. So ist diese kleine Dorfgeschichte aus seiner Feder mithin auch ein vertracktes

Stück *Weltliteratur*, in dem Sinne, dass es die Schweiz mit der sogenannten *Rassenfrage* in den USA verbindet und einen Bezug zur Geschichte der Sklaverei in Afrika herstellt.

Dass es bei Baldwin der Fremde selbst ist, aus dessen Blickwinkel erzählt wird, dass wir *seine* Stimme vernehmen und nicht die der anderen über ihn, diese Umkehrung der Perspektive löst eine Forderung ein, nach der nämlich die Betroffenen selbst das Wort ergreifen sollen und nicht mehr *über* sie erzählt wird. Dabei exponiert Baldwin auch die umstrittene Frage der kulturellen Teilhabe. Er setzt voraus, dass Weiße nirgends auf der Welt Fremde sind und dass auch den Ungebildetsten unter ihnen ein Recht auf Dante, da Vinci oder die Kathedrale von Chartres zukommt. Steht aber umgekehrt auch ihm der Zugang zur Kultur der Weißen, also zu Bach, Shakespeare und Michelangelo offen? Baldwin verneint dies mit dem Zorn des Rechtlosen.

Alles in allem ist Baldwins Text auch im Sinne der Goethe'schen Prägung des Wortes *Weltliteratur*. Das heißt: ein beeindruckendes Beispiel dafür, wie sich in der Literatur unterschiedliche Traditionen zu einer Mehrperspektivität verflechten.

Baldwin weiß um diese Prozesse gegenseitiger Prägung. Mehr noch, er weiß, dass sich individuelle und kollektive Identitäten – ohne deren soziale Ungleichheit zu leugnen – aneinander profilieren:

> *(Ich finde) mich ohne Eroberungsgedanken unter Menschen wieder (...), deren Kultur mich beherrscht, ja, in gewisser Weise erschaffen hat, die mich mehr Qual und Zorn gekostet haben, als sie je erfahren werden, und die nicht einmal wissen, dass es mich gibt.*[36]

Die Autorität eines Weißen würde er nie haben. Doch hat er dafür die Sprache, um seinerseits über die Weißen im Dorf zu schreiben und sie zu erschaffen. Er fiktionalisiert das Dorf Leukerbad, umspielt die gegenseitigen Befremdungen zwischen sich und den Dörflern und zeigt, was sie jeweils mit den Menschen machen. *Es ist an der Zeit zu erkennen*, schreibt er, *dass das Drama, das sich auf dem amerikanischen Kontinent zwischen Schwarzen und Weißen abspielt, nicht nur einen neuen Schwarzen, sondern auch einen neuen Weißen hervorgebracht hat.*[37] Die Leukerbadner sind, nach der Begegnung mit Baldwin, ebenfalls *Neue* geworden, wie auch die Schweiz sich durch die Fremdbegegnungen ihrer Identität versichern konnte. Für den amerikanischen Autor wird das Schweizer Dorf zu einer wichtigen Station seiner Biographie; zu einer Relaisstation, durch die er seine Identität dekonstruieren kann. So schildert er seine Identität nicht essentialistisch, sondern als Echoraum fremder und eigener Zuschreibungen.

Für die Schweiz ist dieser Text beispielhaft und prophetisch zugleich, indem er auf eine heterogene Gesellschaft vorausweist, in der die Minderheiten aus ihrem Schatten heraustreten und mit eigener Stimme zu sprechen beginnen. Mit dem Essay »Fremder im Dorf«, der eine Schwarze Identitätssuche in die Schweizer Literaturgeschichte einschreibt, verliert die Schweiz auch ein Stück weit ihre Farbenblindheit.

Plädoyer für die Kreolisierung – Ist von *kultureller Aneignung* die Rede, wird schnell ein Verdacht laut. Im Fall der mexikanischen Regierung, die verschiedenen Modelabels den Diebstahl einheimischen Designs vorwarf, erwies sich dieser Verdacht als berechtigt, denn er deckte problematische Machtverhältnisse auf. Im Fall einer Berner Band, deren Leader Dreadlocks trugen, wuchs sich der Verdacht zur albernen Verbots-Keule aus. Im Fall von Elvis Presleys Takeover von Schwarzer Musik warf der Verdacht ein erhellendes Licht auf die Ausbeutungsverhältnisse in der Musikbranche.

Die Praxis der kulturellen Aneignung hat verschiedene Gesichter. Auch eine Pizza, die von einem kurdischen Bäcker gebacken wird, sowie das Alphorn, das möglicherweise aus Tibet stammt und zum Symbol urchiger Heimattümelei geworden ist, sind Aneignungen. Eine moralische Verurteilung wäre absurd, denn offene Gesellschaften leben vom osmotischen Austausch fremdkultureller Elemente.

In der letzten Zeit vergrössert sich mein Unbehagen bei der Diskussion um die Legitimität von Aneignung. Nicht, dass ich am Hin und Her der Argumente ermüdet wäre – noch immer finde ich die Form demokratischer Selbstaufklärung aufregend. Sondern weil ich mich selbst zunehmend unter den Verdacht eines lebenslänglichen Diebstahls gestellt sehe. Was, frage ich mich, kann bei einer Herkunft, die indisch, karibisch, schottisch, norddeutsch und schweizerisch ist, nicht alles zum *Diebstahl* werden? Eine *mixed-race person* gehört keiner Kultur ganz an, für sie ist kulturelle Aneignung Bestandteil alltäglichen Handelns.

Meine kulturelle Aneignungspraxis begann schon in jungen Jahren: Ich identifizierte mich in meiner Kindheit mit Jim Knopf, der zwar ein Schwarzer Junge war, dessen Herkunft aber geheimnisvoll blieb – erreichte er Lummerland doch als Postpaket, Absender unbekannt. Danach wurde Winnetou, der Häuptling der Apachen, mein Idol, weil ich in einer *weißen* Umgebung nach jemandem suchte, der mir glich. Der *Edle Wilde* verlieh Tapferkeit, und ich hatte bald den Wunsch nach Blutsbrüderschaft, die ich dann mit meinem Freund Rölfli schloss. Aber zuerst mussten Rölfli und ich uns einigen, wer von uns beiden die Rothaut und wer der Trapper Shatterhand war. Ich konnte mich ja in beide hineinversetzen.

Für *mixed-race people* existierten in der Schweiz lange keine geeigneten Identifikationsfiguren. Heute schwärmen junge Leute mit Migrationsgeschichte für Fußballer*innen, Musiker*innen oder Filmstars und setzen ihre Identität mit Anleihen aus allen möglichen Kulturen zusammen.

Die Theorie der kulturellen Aneignung muss alle jene verfehlen, die weder ganz in die Kategorie Schwarz noch Weiß passen. *Cultural Appropriation* impliziert letztlich, dass Kultur homogen ist und dass das Individuum nur *eine* Identität aufweisen kann. Das ist kein zufälliger Kollateralschaden dieses Diskurses, sondern sein Kern. Leider aber ist das Konzept einer *ethnisch reinen* Kultur dem Repertoire ultrarechter, faschistischer Ideologie entnommen. Mit der Homogenisierung eines Volkes beginnen meistens dessen Ausgrenzungen.

Worüber also sollten wir auch reden, wenn wir von An- und Enteignung reden?

Beispielsweise vom täglichen Geschäft des kulturellen Grenzverkehrs, ohne den keine gemischte Gesellschaft auskommt. Als Denker der Vermischung und des Hybriden gilt der karibische Schriftsteller und Theoretiker Édouard Glissant. Aber Glissant redet nicht gern von Vermischung, sondern lieber von *Kreolisierung*. Nicht zufällig sind seine Gedanken in der Landschaft seiner Heimat Martinique entstanden, denn die karibischen Archipele sind Vielvölkerstaaten, in denen das Aushandeln von kulturellen Anspruchsrechten zur Alltagspraxis gehört.

Auch meine Vaterinsel Trinidad hat mit ihrer indisch-afrikanisch-chinesisch-englischen u.a. Bevölkerung eine koloniale Verschmelzungskultur. 1944 kamen die GI nach Trinidad, und der Song »Rum and Coca Cola« wurde von den Andrew Sisters zum Millionenhit gemacht. Es folgten endlose Urheberrechtsprozesse, bis unter anderem der Calypsonian Lord Invader über hunderttausend Dollar zugesprochen erhielt. Heute ist der Song, nach seiner *juristischen Kreolisierung*, ein Ausdruck nationaler Identität geworden. Ebenso wie Angosturabitter, eine Cocktail-Würzung, die 1824 als Medikament vom deutschen Arzt Johann Gottlieb Benjamin Siegert in Venezuela gegen Tropenkrankheiten erfunden worden war und dann von den Trinidadern zum Creole Bitter gemacht wurde, ohne das kein authentischer Trinidad-Cocktail auskommt.

Die Kreolisierung treibt neue Mischformen hervor, die unter sich gleichrangig sind – oder es nach Verhandlungen werden. Glissant sieht die globalen Gesellschaften in einem Prozess fortschreitender Kreolisierung. Unsere Städte sind Schatzkammern der Kulturvermischungen. Was wem gehört und was wem *entliehen* wurde, spielt in Paris und Zürich, in Santiago und Basel keine Rolle mehr. Die Freiheit der kreativen Anverwandlung braucht keine Erlaubnis. Im Übrigen nimmt die Monokultur dank der Zuwanderung auch in den Dörfern ab. Neben dem Trachtenverein, in dem Tamilinnen auftreten, existiert der kurdische Männerchor, in dem Einheimische mitsingen.

Die Kreolisierung ist ein Prozess, in dem Geschichte nicht nur aufgehoben, sondern offen gehalten wird. »Rum and Coca Cola« erinnert für immer an die Geschichte der Ankunft der amerikanischen Soldaten im Zweiten Weltkrieg, an die schmerzhafte postkoloniale Abhängigkeit, an die Zunahme der Prostitution – *working for the Yankee dollar*. An die Selbstermächtigung einer *mixed-race* Kultur. An einen Cocktail, der von vielen getrunken wird. Diese Erinnerung fehlte, würde man den Song verbieten.

›*Sind meine Kinder*‹, deren Vater weiß ist, ›*zu weiß, um sich mit Schwarzem Leid auseinanderzusetzen? Wie Schwarz ist Schwarz genug?*‹,[38] fragt Zadie Smith, Tochter einer jamaikanischen Mutter und eines weißen Vaters. Hinter dem Vorwurf, sich den Schmerz der *Anderen* anzueignen, kann auch der Wunsch nach einer *reinen Ethnie* stecken. Aber die Gesellschaft wird nie rein *Schwarz* oder *weiß* sein, sondern immer gemischt. Auch die Literatur lebt von den neuen Formen, die im hybriden, kulturell vermengten Raum entstehen. Obschon der Wunsch nach Selbstverständigung einer Community mehr als verständlich ist, kann er schnell eigene Ausschlussmechanismen erzeugen. Denn die Annahme, dass ein Text nur authentisch ist, wenn er durch das Schicksal und die Hautfarbe der Autorin oder des Autors beglaubigt wird, ist ein schlechter Fetisch. Nicht jede Meinung eines Betroffenen ist absolut wahr. Dagegen besteht die Literatur auf einem Spiel der Identitäten. Schon als Schriftsteller bin ich nie ganz mit mir selbst identisch. Um Schreiben zu können, muss ich in andere Leben migrieren und muss mich, wie in meinen Romanen, als männlicher Autor auch in weibliche Figuren einfühlen. Meine Texte sind dann gelungen, wenn ein*e Leser*in empathisch über seine oder ihre soziokulturelle Grenze hinweggeht. Wenn ein Text zu einem Angebot wird, die eigene Zugehörigkeit infrage zu stellen, und zur Identifikation mit dem Fremden einlädt. Literatur ist Widerspruch gegen Grenzziehungen jeglicher Art und ein Ausdruck dessen, was nie ganz mit sich selbst identisch ist. Sie muss die fixen Identitäten unterwandern.

Das Licht über dem Mississippi – Das Licht über dem Mississippi ist an diesem kalten Februartag gleißend hell. Es fällt schräg auf die brachliegenden Baumwollfelder, auf die vierspurige Autobahn und auf die durch das Unterholz leuchtendenden Dächer der Antebellum-Villen. Ich bin unterwegs in Amerikas Süden, den ehemaligen Sklavenstaaten, fahre Richtung Natchez, einer kleinen Stadt nördlich von New Orleans, und werde mit der Geschichte der Sklaverei konfrontiert, als ich von der US 61 auf die Rosedown Plantation and Gardens abbiege, den Wagen auf einem gepflegten Parkplatz abstelle und eine baufällige Hütte am Rande des Parks betrete. Auf zwei ineinandergeschobenen Campingtischen liegt ausgetragenes Schuhwerk, verrostetes Feldarbeitsgerät, eine stumpfe Axt und Werkzeug, dessen Zweck nicht mehr ersichtlich ist. Die in einer Plastikfolie abgelegten Zettel geben nur sparsam Auskunft; es muss sich um Werkzeuge jener Sklaven und Sklavinnen handeln, die neben ihrer Fron auf den Baumwollfeldern auch Kleider, Schuhe und Werkgeräte herstellen durften. Diese *hochbegabten* Sklaven, wie mir gesagt wird, arbeiteten auch als Müller, Schneider, Weber oder Schmiede, die Haussklaven als Butler, Köche oder Mädchen für alles. Daneben an der Wand, ausgeschnitten und auf Packpapier geklebt, eine Galerie berühmter afroamerikanischer Persönlichkeiten, von W.E.B. Du Bois bis Alice Walker, von Billie Holliday bis Malcolm X, von Rosa Parks über Condoleezza Rice, von Martin Luther King bis zu Barack Obama.

Ich verlasse die Baracke und spaziere unter den von Louisianamoos behangenen alten Eichen durch den Park des Rosedown-Anwesens. Das Licht blendet, und ich halte die Hand vor die Augen, um etwas vom Gesamtentwurf des Gartens zu erfassen. Der Prospekt von Rosedown ist auf Französisch, Villa und Garten wurden 1834 nach ausführlichen Europareisen der Besitzer Martha und Daniel Turnbull konzipiert. Antikisierende Statuen, aber auch überraschend eingebaute Wegbiegungen geben den Blick auf andere Sichten frei, Einflüsse des italienischen Gartens sind auszumachen. Der Garten, die Leidenschaft der Hausherrin, bündelt alle Wege zentralperspektivisch auf die Vorderansicht des mit einer Veranda ausgestatteten Südstaatenhauses.

Eklektizistisch dagegen das Innere der Villa, durch das mich ein weißer Guide begleitet: opulentes Geschirr, Silberbesteck, Nippes, originale Kristalllüster. Von Zimmer zu Zimmer tauche ich tiefer ein in die *Herrlichkeiten* der Turnbulls, damals mit 450 Sklav*innen eines der reichsten Ehepaare, bestaune das Badezimmer mit einem Blechzuber unter einem Wasserbehälter, der sich mit dem Zug an einer Kordel entleert. Die Tapeten zeigen idyllische Schäferszenen aus dem Rokoko; im Frankreich des 19. Jahrhunderts war diese Tapisserie Ausdruck einer befriedeten Natur, aufgeladen mit dem lustvollen Lebenswandel adliger Sitten, während die Tapetenmuster hier die Sicht auf die Sklaven und Sklavinnen auf den Feldern verstellten. An den Bücherborden die Werke von Voltaire, Diderot und Thomas Paine, der bereits 1775 eine Abhandlung gegen die Sklaverei verfasste (*African Slavery in America*), daneben wieder der Ausblick auf die Baumwollfelder. Auch die Notenhefte zur Polka *La Belle Creole*, die Martha im Salon mit den Kindern tanzte, erzählen die Geschichte vom doppelten Blick, der sehend und zugleich blind war.

Keine andere Stadt der Südstaaten profitierte so sehr vom Reichtum der Baumwollhändler wie Natchez. Während des Bürgerkriegs lag die Kleinstadt außerhalb der Kampfzone und die Antebellum-Prachtbauten sind bis heute intakt. Immer wieder, auch in der Taverne, die Mark Twain regelmäßig besuchte und deren Decke mit Hunderten von gerollten Eindollarnoten geschmückt ist, höre ich das nostalgische Wort *antebellum*. Die freundlichen Stadteinwohner*innen, die mich und meine Frau zu Blackened Catfish einladen, verklären die Zeit vor dem Bürgerkrieg, der Zeit der Prosperität, als auf dem Mississippi Sklaven- und Baumwollhandel Reichtum und Wohlstand garantierten. Sie wollen von Hillary Clinton und Bernie Sanders, die auf den Bildschirmen ihre Wahlgefechte ausführen, nichts wissen. Lieber halten sie es mit Trump, der seine Siege dort einfährt, wo die Nostalgie endgültig über die Realität gesiegt hat. Trump scheint es mühelos zu gelingen, die Widersprüche der Realität in mythische Narrationen zu überführen. Dagegen missioniert unser Schwarzer Taxifahrer für Hillary Clinton. Nur die Clintons, sagt er, hätten überhaupt etwas für die Schwarzen getan. Und Sanders? Wütend schüttelt er den Kopf.

Amerika ist das Land meiner Jugend. Ich kannte es, bevor ich es kennenlernen konnte. Keine andere Kultur hat mir in den sechziger und siebziger Jahren ihren Lifestyle nähergebracht.

Ich fahre zum Grand Village der *Natchez people*, um tiefer in die Vergangenheit einzutauchen, vorbei an monumentalen Tankstellen und Shopping Malls. Was ich aber bei einem Autobahnkreuz antreffe, ist weit entfernt von einem Museum und sieht aus wie ein Kiosk. Verkauft werden Bleistifte, Kugelschreiber und Amulette, die an die Indigenen erinnern sollen. Auf der weiten Graslichtung vor dem Kiosk sieht es noch trauriger aus; das Tipi, mit Lehm zusammengehaltene Stecken, ist am Zerfallen. Ich besteige einen der Grabhügel des Oberhaupts Great Sun, tauche in die Stille ein und werde von einer eigenartigen geheimnisvollen Stimmung erfasst, die von dieser Landschaft ausgeht.

In einem Lokal mit acht Megascreens, vor einem Teller Cajun-Food sitzend, verfolgen meine Frau und ich am Abend Beyoncés Auftritt beim Super-Bowl, angekündigt als *Feier von Vergangenheit, Gegenwart und Zukunft*. Den meisten der 120 Millionen TV-Zuschauenden ist der tags zuvor veröffentliche Videoclip ihres Songs »Formation« noch in Erinnerung. Darin zeigt sich die Sängerin in bissiger Travestie als Teil einer Sklavenhalterfamilie auf einem Herrschaftsanwesen und stellt so die historischen Machtverhältnisse auf den Kopf. Eindrücklich ist jene Anspielung auf die tägliche Polizeigewalt, als sie in der Schlussszene auf einem Polizeiauto liegend im Wasser versinkt, so wie eben das Schwarzenviertel von New Orleans nach dem Hurrikan Katrina im Wasser versank. Nicht wenigen wird an diesem Abend zum ersten Mal bewusst, dass die Sängerin Beyoncé eine Afroamerikanerin ist.

In der spielerischen Verkehrung der Verhältnisse liegt der Protest, der den Carneval in New Orleans, 1699 eingeführt vom Franzosen d'Iberville, begründet hat. Am Ufer des Mississippi, am Jackson Square, übergibt der Bürgermeister von New Orleans am Vorabend des *Mardi Gras* seine Stadt dem *King of Zulu*, dem Schwarzen Karnevalskönig der wohl eindrücklichsten Band. Die *Krewe* genannte Clique, die den ganzen Tag durch das Zentrum der Stadt zieht, trägt buntprächtige Kostüme im Zulu-Stil mit viel Tigerfell, aber auch solche, die an indigene Oberhäupter der Mississippistämme erinnern. Selbst in diesem bunten Durcheinander bleiben die Schwarzen unter sich.

Erst Atlanta, das ehemalige Zentrum der Schwarzen Bürgerrechtsbewegung der sechziger Jahre, zeigt jenen Grad der kulturellen Durchmischung, bei dem eine gemeinsame Geschichte entsteht. *Amerika ist eine Erzählung*, sagte der amerikanische Autor Garth Risk Hallberg in der NZZ, *in der die unterschiedlichsten, teilweise auf unerträgliche Weise idiosynkratischen Leute Platz haben und die dennoch als Ganzes funktioniert.*[39]

Im Süden ist diese Erzählung noch immer nicht angekommen. Selbst dort, wo die Fakten auf dem Tisch liegen, wird die Geschichte von Weißen und Schwarzen anders interpretiert.

Auch Schwarze Geschichte, wie im Martin Luther King Center ausgestellt, kann sich zum widerspruchsfreien Mythos verklären. Keine Geschichte ist vor ihrer Folklorisierung gefeit, wenn man ihr den Stachel des Widerspruchs zieht. Zu den unangenehmen Wahrheiten gehört, dass der Erfolg Martin Luther King erst dann einholte, als Politiker das Stimmenpotenzial der afroamerikanischen Bevölkerung erkannten und für sich nutzen wollten. Das ist bis heute so geblieben. Zusammen mit einer Schulklasse afroamerikanischer Kinder schaue ich mir die Geschichte der von King erkämpften Aufhebung der Segregation auf einem Video an. Kaum je habe ich eine Schulklasse von Elf- bis Fünfzehnjährigen in einer derart konzentrierten Andacht erlebt. Jeder und jede scheint hier zu merken, dass es um die eigene Geschichte geht.

Vergangenheitsversessen sind auch jene älteren weißen Männer, die ich eine Woche später im Küstenort St. Augustine treffe. Sie stehen mit Fotokameras, Broschüren und Taschen voller Souvenirs an jenem Strand, an dem 1513 der erste Europäer, der Spanier Ponce de León, amerikanischen Boden betrat. Ihre Faszination für dieses historische Datum ist ungebrochen, sodass man gleich den gesamten Altstadtkern in ein *living museum* umgewandelt hat.

Amerika ist ein Land mit mehr als nur einer Geschichte. Ohne die Aufarbeitung des Bürgerkriegs gleicht das Land Minnies Kurzwarenladen in Quentin Tarantinos Film *The Hateful Eight*, in dem sich die verschiedenen *races* in tiefem Misstrauen gegenüberstehen und sich um den wahren Verlauf der Schlacht bei Baton Rouge streiten. Im Hintergrund sitzt der Konföderierten-General Sanford Smithers und zählt die Leichen, bevor er selbst ins Reich der Toten befördert wird.

Die Austreibung des weißen Blicks, vor den Bildern von Lynette Yiadom-Boakye – Ich glaube es nicht, was da steht!

Auch ich fand denselben Brief zu Hause vor.

Du hast recht, da steht es schwarz auf weiß, wir haben gewonnen, Schwester.

Das hätte ich nie für möglich gehalten!

Fünf Schwarze Frauen haben Briefe erhalten, die zu Freude Anlass geben. Unzweideutig ist das Schreiben der Auslöser für ein Entzücken, das die Frauen zu einem glücklichen Reigen vereint. Sie stehen zusammen, sie tuscheln verschwörerisch. Dabei sind sie weder Hexen aus Shakespeares *Macbeth* noch Rachegeister, die von Menschenhand gemachten Tand in den Orkus schleudern. Diese Frauen hier sind friedlich von einer Party nach Hause zurückgekehrt, und die per Brief überbrachen Neuigkeiten haben sie angenehm überrascht.

Es gehört zur Eigenheit der Malweise der Londoner Künstlerin Yiadom-Boakye, deren Eltern aus Ghana stammen, dass sie ihr Schwarzes Personal zeitlich und kontextuell entrückt. Die Personen könnten von irgendwo sein, sie verschmelzen mit ihrem Hintergrund, was bedeuten könnte, dass sie mit ihrer Umgebung übereinstimmen. Und die Frauen haben mit ihrem Schwarzsein kein Problem: Kenne ich andere Bilder, auf denen dunkelhäutige Personen mit einer solchen Souveränität dargestellt sind?

Die weiß leuchtenden, mit den Kleidern der Frauen korrespondierenden Briefe flattern und flügeln in ihren Händen wie weiße Tauben und formen in der Bildmitte einen magischen Kreis auf der Höhe der Herzen. Die Briefe bilden einen Kontrast zum Dunkel, in das die Konturen und Gesichter der Frauen zurücktreten. Die individuellen Gesichtszüge der Frauen widersprechen verbreiteten Stereotypen. Die dargestellten Personen sind wie Portraits ins Bild gesetzt, sodass ich sie mit einer eigenen, individuellen Geschichte ausstatten möchte. Darin besteht vielleicht der subtilste Widerstand gegen eine Anschauungsweise, die die persönliche Lebensgeschichte im Kollektiv der Kultur oder Religion verschwinden lässt. Die Individualität von Yiadom-Boakyes Frauen stellt sich gegen ihre Stereotypisierung und zeigt sie als eigenständige Charaktere, deren Schicksale auf einer Bühne oder in einem Roman erzählt werden müssten.

Lynette Yiadom-Boakye stellt Schwarze Menschen gern dort dar, wo sie in der europäischen Malerei weggelassen wurden. Beim Gang durch Londons National Gallery, so erzählt sie in einem Video, hätte sie kein einziges Bild eines Schwarzen Künstlers gefunden, wohl aber Studien von weißen Malern, in denen die Schwarzen Diener, Sklaven oder Edle Wilde darstellten. Yiadom-Boakyes Schwarze Frauen stellen nichts außer sich selbst dar. *I don't like to paint victims*, sagt Lynette Yiadom-Boakye.

Peter Paul Rubens war einer der ersten, der die Opferperspektive Schwarzer aufhob, indem er sie nicht mehr als Schatten an den Rand des Bildes platzierte, sondern ihnen eindrückliche Studien widmete. Yiadom-Boakye nimmt sein Spiel von Licht und Dunkel auf, indem sie das Weiße, in Rubens Bildern mit Schwarzen noch durch die Mehrheit der Figuren verkörpert, nur noch in der Kleidung, den Accessoires oder eben den Briefen aufscheinen lässt. In ihren Bildern mit Prostituiertensujets travestiert sie Édouard Manets *Olympia*, in dem eine weiße Prostituierte von einer Schwarzen Dienerin betrachtet wird, deren üppiger Blumenstrauß auf eine triebhafte Sexualität verweist.

Der Weiße ist in seine Weißheit eingesperrt. Der Schwarze in seine Schwarzheit, schrieb 1952 der Philosoph der Négritude, Frantz Fanon. Die Stereotypisierung des Blicks kann, wie wir wissen, harmlose Passanten zu Tätern machen. Yiadom-Boakyes Figuren widersprechen solchen Zuschreibungen. In erdhaften Farben treten die Frauen aus einem fast mythischen Urgrund hervor, und der freudige Ausdruck ihrer Gesichter zeigt sie in einem Moment der Selbstermächtigung, der ihre Hautfarbe zur Nebensächlichkeit macht. Mehr als das: Mit der dargestellten Sinnlichkeit der Frauen scheint die Künstlerin das Klischee der überbordenden Vitalität von Schwarzen zu persiflieren. Müssten die Gemälde von Lynette Yiadom-Boakye nicht so bald als möglich in der National Gallery hängen?

Edgar Mittelholzer. Ein Schweizer Autor der Karibik – Bevor ich diesen Essay zu schreiben beginne, fahre ich als Erstes nach Appenzell, wo ich einmal gelebt habe. Ich gleite auf der schmalen Landstraße an den Weilern vorbei, die noch immer klamm an den Hügeln liegen, mäandere durch eine idyllische Landschaft, in der jetzt auffallend viele Schilder für Ferienwohnungen und Airbnb auftauchen. Ab und zu donnern mir dicke SUVs entgegen, ich sehe viele Gruppen gut gekleideter Tourist*innen.

Auf dem Weg nach Gonten biege ich rechts in die schmale Himmelriedstrasse ab, fahre in weiten Kehren an einsamen Bauernhöfen vorbei, die noch immer von bellenden Hunden bewacht werden. Die letzten Meter bringe ich auf einem Schotterweg hinter mich, überquere die Krete, auf der sommers wie winters der alte Bauer Koster anzutreffen war. Barfuß ging er über die Felder. Später ertrank er jämmerlich im eigenen *Gülleloch*, zusammen mit seinem Sohn, der ihn zu retten versuchte. Hinter der Krete kommt die Hundwiler Höhe in den Blick, ich parke vor dem Bauernhof mit der angebauten Wohnung, in die ich mich als Student für einige Zeit zurückgezogen hatte: Himmelried im Schatten. Es ist Anfang der siebziger Jahre gewesen, als meine Freund*innen und ich uns in diese eigensinnige, etwas verbohrte Gegend mit einem Hang zu spiritistischer Wunderheilung zurückzogen und mit Thomas Bernhards *Frost*, Adornos *Dialektik* und Appenzeller Kräuterschnaps durch die Gegend streiften.

Durch dieses Appenzellerland ist 1961 ein Schriftsteller aus der Karibik geirrt und hat, so ist es zu vermuten, im Schneetreiben an die Türen der Bauernhöfe geklopft, um sich nach seinen Vorfahren zu erkundigen. Er war Anfang sechzig, auffallend hochgewachsen und schlaksig. Und Schwarz, genauer gesagt *mixed-race*. Sein Name: Edgar Mittelholzer.

Mittelholzer kam 1909 als Sohn eines weißen Plantagenbesitzerpaars in New Amsterdam zur Welt. Als Schüler der Berbice High School entwickelte er in einer weitgehend illiteraten Umgebung früh eine Obsession fürs Tagebuchschreiben. Mit neunzehn trat er von der Anglikanischen Kirche zum Zen-Buddhismus über, und mit zwanzig hatte er seinen ersten Roman *The Terrible Four* abgeschlossen, der jedoch unveröffentlicht blieb. 1936 unternahm er einen ersten Suizidversuch, kurz darauf verfiel er der Musik Wagners. Er schrieb wie ein Besessener, aber die Literatur von Einheimischen wurde in den Kolonialgesellschaften kaum wahrgenommen.

Mit zweiunddreißig zog er von New Amsterdam nach Port of Spain, trat in die Navy ein und publizierte *Corentyne Thunder*, einen weiteren von insgesamt 27 Romanen. Damit wurde er zum Wegbereiter der englischsprachigen karibischen Literatur; ihm folgten Derek Walcott, V. S. Naipaul, George Lemming und viele andere.

1965, vier Jahre, nachdem er auf den Spuren seiner Schweizer Vorfahren das Appenzell bereist hatte, begab er sich in Farnham bei London, seinem letzten Wohnort, auf ein leeres Feld, übergoss sich mit Benzin und verbrannte sich selbst. Der Suizid hatte ihn ein Leben lang umgetrieben, in seinen Büchern legen gleich mehrere Protagonisten Hand an sich. Zuletzt waren seine inneren Konflikte nicht mehr zu versöhnen gewesen.

Im Laufe der Recherchen zu meinem Roman *Tabak und Schokolade* war ich auf Mittelholzer gestoßen. Ich hatte herausgefunden, dass meine Vorfahren in der Mitte des 19. Jahrhunderts von der britischen Kolonialmacht aus Nordindien nach Trinidad und Guyana verschleppt worden waren. Seither befasste ich mich näher mit der Migrationsgeschichte der karibischen Staaten, die zu einer außerordentlich starken kulturellen Durchmischung der Gesellschaften geführt hat. Ich recherchierte die traumatische Überfahrt meines Ururgroßvaters, *Kaala Pani* genannt, und verfolgte die Geschichte meiner Aargauer Mutter, die sich mit mir als Kleinkind vier Jahre lang in diesem tropischen Chaos durchschlagen musste. Auf Trinidad wie auch im benachbarten Guyana leben indische, afrikanische, syrische, chinesische und Menschen weiterer Herkünfte, Spannungen zwischen den Communities sind an der Tagesordnung.

Ich traf Peter K. Wehrli, den wohl besten Kenner der karibischen Literatur, der mir von Edgar Mittelholzer erzählt hatte, dem Schwarzen Schriftsteller mit Vorfahren aus einem Weiler im Appenzell.

Je länger ich mich in meine Geschichte hineinschrieb, desto mehr trieb mich Mittelholzers Biographie um, und er wurde mir zu einem Begleiter, einem Schatten und einem Wiedergänger. Immerhin war Mittelholzer im letzten Jahrhundert zu einiger Berühmtheit gelangt: Es hatte in New Amsterdam einen Mittelholzer Square und eine Mittelholzer Avenue gegeben. Auch in den Buchhandlungen von Port of Spain lagen seine Bücher auf.

In Trinidad verfasste er einen seiner besten Romane, *A Morning at the Office*. Anhand eines typisch trinidadischen Büros sezierte er darin die Kolonialgesellschaft des Inselstaates mit ethnologischem Blick. Ironisch nannte er die Firma Essential Products Ltd. und stellte seine Figuren mitsamt ihren *ethnischen* Zuordnungen den Lesenden vor: Da ist der Bürojunge Horace Xavier, ein *negro*, derselben *Ethnie* ist Mary Barker, die Reinigungskraft. Der ostindische Jagabir fungiert als *Assistant Accountant*, sein Vorgesetzter Murray ist *englishman*. Kathleen Henery wird als *coloured* eingeführt; wahrscheinlich war sie *mixed-race*. Die Stenotypistin Olga Yen Tip ist *chinese*, Rafael Lopez, der Junior accountant *Spanish creole*, und der Manager Reynolds kann nur ein ›englishman‹ sein.

Mittelholzer stellt diese Zuschreibungen als gesellschaftliche Rangordnung mit einem fein abgestuften Diskriminierungsgefälle bloß. Abstufungen solcherart hatten schon die Briten während ihres zweihundert Jahre dauernden Terrorregimes in Indien, dem *Raj*, benutzt. Noch um 1900, schreibt der Historiker Shashi Tharoor, verlief die Bezahlung der Arbeiter*innen nach einem System, in dem zwischen der Europäerin, dem Eurasier, der Westinderin reiner oder gemischtafrikanischer Abstammung und dem nicht indischen Asiaten unterschieden wurde. Im *melting pot* der karibischen Kolonien wurde diese Diskriminierung nach Hautfarben, die über Privilegien und Benachteiligung entschied, bis ins Groteske ausdifferenziert. Von diesen kolonialistischen Erfahrungen ist Mittelholzers Schreiben getrieben, sie machen seine Romane zu einzigartigen Parabeln der Kolonialgesellschaft, in der jedes Individuum in der Einsamkeit seiner Haut gefangen ist.

Traurig, schreibt er in seiner Autobiographie *A Swarthy Boy. A Childhood in British Guyana* aus dem Jahr 1963, *gestehen zu müssen, dass es meine eigene Klasse war – Leute von farbiger Beimischung aber von hellem oder olivenem Aussehen –, die all den Hochmut gegenüber Andersfarbigen zur Schau trug*. Und weiter:

> *Es war meine Klasse, die auf die indischen Plantagenarbeiter der Zuckerrohrfelder herabschaute (wir nannten sie Coolies, ob sie nun Arbeiter waren oder Ärzte wurden oder Anwälte oder Beamte). Es war meine Klasse, die die Portugiesen als niedrigere soziale Schicht betrachtete wegen ihres Hausierertums, den Rumschenken, Salzläden und Pfandleihbuden, die sie betrieben, und wegen ihres niederen Lebensstandards. Wir haben auch die chinesischen Süßigkeitenverkäufer und Ladeninhaber mit Herablassung bestraft für ihr Armeleute-Einwanderer-Ansehen.*[40]

Von Trinidad zieht Edgar weiter nach Barbados und schließlich nach London. Er ist nun verheiratet, hat eine Tochter und arbeitet bei der BBC in der Abteilung *Caribbean Voices*. Damit ist er einer der ersten karibischen Autoren, der nach London auswandert, noch vor der großen Emigration im Zuge der Windrush-Generation 1948. Aber Mittelholzer ist damals schon heimatlos; seine Rastlosigkeit wird ihn nicht verlassen. Bald darauf geht er für ein Guggenheim-Stipendium nach Kanada.

Es entstehen weitere Romane, darunter die *Kaywana*-Trilogie, die ihn in den Fünfzigern zum Bestsellerautor macht. In diesem Hauptwerk geht er dem Schicksal einer Dynastie holländischer Plantagenbesitzer über drei Jahrhunderte guyanischer Geschichte nach.

Hier zeigt sich Mittelholzers ahistorische Wahrnehmung, indem er den Sklavenaufstand von Berbice und andere historische Ereignisse lediglich als Staffage behandelt. Irritierend für die nachfolgende Kritik ist auch der Umstand, dass er die Geschichte aus der Sicht der Eroberer darstellt. Die Tendenz, sich mit den weißen Kolonialherren zu identifizieren und die *mixed-race* Charaktere als schwach und dekadent zu zeichnen, verstärkt sich mit dem 1954 erschienen Roman *The Life and Death of Sylvia*, in dem sich Sylvia, die Tochter eines englischen Mannes aus der Mittelschicht und einer guyanischen Frau aus der Unterschicht, in erotischen Eskapaden verliert. Der Glaube, dass allein die Reinheit des Blutes Stärke bedeutet, rückt Teile seines Werkes in die Nähe rassistischen Blut-und-Boden-Denkens, auch wenn da und dort seine Ironie aufblitzt.

1959 zieht Mittelholzer nach Farnham im Süden Londons, von wo aus er sich zwei Jahre später auf die Suche nach seinen Schweizer Vorfahren begibt. Nie hört er auf, sich als Schweizer zu imaginieren und hebt seine Schweizer Seite bei jeder Gelegenheit hervor.

Das hängt aufs Engste zusammen mit dem innersten Trauma Edgar Mittelholzers: das seiner Geburt.

Erst in seiner Autobiographie gibt er es in einer erschütternden Szene preis. Schon auf den ersten Seiten erfährt man die Reaktion seines Vaters auf sein Aussehen:

> *Ich wurde am sechzehnten Dezember 1909 um zwei Uhr nachts geboren. Für meinen Vater war das ein Anlass zu großer Enttäuschung. Ich entpuppte mich als dunkelhäutiges Baby! Da er selbst einen hellen Teint und europäisches Haar hatte (…) und seine Frau ebenfalls einen hellen Teint aufwies und von europäischem Aussehen war, hatte er natürlich angenommen, dass die Chancen für ein hellhäutiges Kind gut standen. (…) Doch da war er. Sein Erstgeborener – ein dunkelhäutiger Junge!*[41]

Trotz dieser harschen Ablehnung durch seinen negrophoben Vater muss er diesen gegen dessen Rassismus verteidigen: *Ich kann mich mit minimaler Anstrengung in ihn hineinversetzen. In Gemeinschaft wie dieser, zu jener Zeit, hätte er übermenschlich sein müssen, um nicht enttäuscht zu werden.*[42] Mittelholzer geht sogar noch weiter und verinnerlicht den Schwarzenhass seines Vaters: *Ich kann ihn fast hören, wie er hinter vorgehaltener Hand denkt: Na ja, er mag zwar dunkelhäutig sein, aber er scheint doch eine gewisse Intelligenz zu haben.*[43]

A Swarthy Boy umfasst nur den Zeitraum von der Geburt 1909 bis 1928 – dem Jahr, in dem eine der Kurzgeschichten des jungen Schriftstellers von einer Zeitschrift angenommen wurde. Der Text erklärt aber nicht nur seine Fixiertheit auf die Existenzbedingungen eines *mixed-race*

Individuums in einer kolonialen Gesellschaft, sondern macht auch seine ins Genre des Schauerromans flüchtende Schreibbewegung transparent. Der Blick auf sich selbst, der Edgar mit der Ablehnung durch seinen Vater eingeimpft wurde, ist der des Rassisten. Und diesen Blick wendet er immer mehr gegen sich selbst. Er muss diesen selbstzerstörerischen Rassismus immer wieder neu erzählen, um mit ihm leben zu können. Er macht sich damit zum Versuchslabor, zum Epizentrum eines Schreibens, das unentwegt um das Dilemma einer angeblich gespaltenen Identität kreist.

Die Verinnerlichung des Rassismus seines Vaters erklärt, warum Mittelholzer in seinen späten Romanen für die Unterdrücker und Kolonialisten Partei nimmt: Es ist der Versuch, sich durch eine Identifikation mit dem Aggressor aus dem eigenen Identitäts-Dilemma zu retten. Je älter Mittelholzer wird, desto mehr meint er, seinem weißen Vater recht geben zu müssen, der beim Anblick seines Schwarzen Kindes zutiefst erschrak.

Mittelholzers Kampf geht weit übers Private hinaus und kann heute im Kontext des Postkolonialismus neu gelesen werden. Denn in seinen Texten werden die Risse und Verwerfungen von multikulturellen Gesellschaften sichtbar, die vom Kolonialismus und von der Migration geprägt sind.

Die empfundene innere Gespaltenheit ist ein Thema, das einen anderen, in Deutschland lebenden Autor ebenfalls beschäftigt hat. Er hat seine vermeintliche »Doppelnatur«, aufgeteilt in einen strengen, kühlen Norden und einen morbiden, kreativen Süden, zum lebenslangen Thema gemacht: Thomas Mann. Sohn eines Lübecker Kaufmanns und Nachfahre einer im brasilianischen Paraty zur Welt gekommenen Mutter, also ebenfalls Spross einer kolonialen Handelsfamilie.

In seinen frühen Novellen, exemplarisch in *Tonio Kröger* und *Tod in Venedig*, entfaltet er seine Dichotomie von Nord / Süd als eigenwillige *ethnisch-typisierte* Geographie mit allen fiktiven und klischeehaften Qualifizierungen. So wird Gustav von Aschenbach in *Tod in Venedig* nicht nur von der Pestinfizierung, sondern auch von einem inneren Zerfall seiner Persönlichkeit und Identität bedroht. Auch bei *Tonio Kröger* liegt der bürgerliche, asketische Norden mit dem kreativ-morbid-sinnlichen Süden in stetem Kampf.

Wie bei Mittelholzer wird bei Mann die *gemischte* Herkunft zum Thema und zur Obsession seines Schreibens:

> *Meine Mutter stammte aus Rio de Janeiro, hatte aber einen deutschen Vater, sodass nur zum vierten Teil unser Blut mit lateinamerikanischem gemischt ist. Uns Kindern erzählte sie von der paradiesischen Schönheit der Bucht von Rio, von Giftschlangen, die sich auf der Pflanzung ihres Vaters zeigten und von N*sklaven mit Stöcken erschlagen wurden. Mit sieben Jahren fand sie sich nach Lübeck verpflanzt – den ersten Schnee, den sie sah, hielt sie für Zucker.*[44]

Die Exotisierung seiner Herkunft aber war nur der erste Schritt zur Verdrängung und schließlich dem gänzlichen Verschweigen, vor allem in den dreißiger Jahren, als Thomas Mann sich zum *deutschen Schriftsteller* stilisierte.

In hohem Maße verblüffend bei Mittelholzer wiederum ist, dass seiner Selbstbeschreibung als *swarthy boy* gleich der Hinweis auf seine schweizerische Abstammung folgt. Bei Klaus Stuckert, dem Mittelholzer-Kenner *par excellence*, lese ich von Mittelholzers Vorfahren, die im 17. Jahrhundert aus dem Appenzellischen in die Kolonien des heutigen Guyana ausgewandert waren – und Plantagen- und damit auch Sklavenbesitzer wurden. Mitten im Urwald, acht Meilen von New Amsterdam flussaufwärts, betrieben die Mittelholzers ihre Zuckerrohrplantage De Vreede. Der Großvater von Edgar Mittelholzer, Pfarrer in evangelisch-lutherischen Diensten, war der Erste in der Familie mit einer *mixed-race* Identität: Seine Mutter war eine Sklavin, die sein Vater sexuell missbraucht hatte. Es ist eine Familiengeschichte voller Abgründe.

1615 wurden die ersten holländischen Kolonien gegründet, auf deren Zuckerrohrplantagen Hunderte von afrikanischen Sklav*innen arbeiteten, die nach der Sklavenbefreiung 1834 durch indische Tagelöhner, sogenannte Coolies, ersetzt wurden. Hans Fässler hat in seinen Forschungen die Verwicklungen der Familie Mittelholzer in den großen Sklavenaufstand in Berbice 1763 beschrieben; die Rebellion der Versklavten sei mit der Haitianischen Revolution von 1791 bis 1804 vergleichbar.

Beim Aufstand von 1763 spielen die Mittelholzers sogar eine prominente Rolle. Christian Mittelholzer, nach Fässlers Vermutung Edgars Urgroßvater, gehörte zu denen, die mit besonderer Härte gegen die Sklaven vorgingen: *But Mittelholzer shouted No! No!, took his sabre and cut off the Negro's hand.*[45] Die Schweizer, als Söldner immer gern gesehen, galten als äußerst brutal.

Dennoch – oder vielleicht gerade deswegen – hat sich Mittelholzer ein Leben lang auf seine Schweizreise vorbereitet, indem er Deutsch lernte; zeitweise hat er, das Deutsche missverstehend, seinen Namen in *Mittelhölzer* geändert. War er von Schuldgefühlen getrieben? Oder war er einfach nur neugierig auf das Land seiner Vorfahren?

Auf jeden Fall besuchte er 1961 den Tierarzt Dr. Johann Mittelholzer in Appenzell, nachdem er mit ihm einen Briefwechsel geführt und sich in die verwickelten Familienverhältnisse hatte einweihen lassen. Zu seinem Erstaunen, schreibt Stuckert, habe der Veterinär bei seinem Besuch dann ein vergilbtes Buch vor ihm aufgeschlagen, einen Folianten mit kleingeschriebenen Buchstaben in deutscher Sprache. Eine unbekannte Person, so erklärte der Tierarzt, habe diese Chronik – einen generationenübergreifenden Bericht vom Leben in der zunächst holländischen und dann britischen Kolonie Britisch-Guayana – 1866 seinem Vater geschickt. Dem Folianten sei noch ein silberner Löffel beigelegt gewesen. Mithilfe dieser Chronik konnte Edgar schließlich den Verwalter der Plantage, seinen Verwandten Constanz Mittelholzer, identifizieren.

Warum sich die Literaturwissenschaft in der Schweiz nie für Mittelholzer interessiert hat, bleibt eine offene Frage. *Die Schweiz*, schreibt der Historiker Bernhard C. Schär,

> *fand nie nur in der Schweiz und nie nur in Europa statt, sondern in einem polyzentrischen Netzwerk mit zahlreichen Außenstationen auf der ganzen Welt. Diese ›Quasi-Kolonien‹ integrierten die Schweiz nicht nur dauerhaft in die Geschichte der Welt in Übersee. Sie brachten die Welt seit dem 16. Jahrhundert auch kontinuierlich in die Schweiz zurück – in Form von Rohstoffen, Konsumwaren, Briefen, Bildern, Kapitalgewinnen, Tieren, Pflanzen und nicht zuletzt Menschen.*[46]

Diese Schweizphantasie versiegte bei Edgar Mittelholzer nie. Die Schweiz war ihm ein Leben lang die ersehnte Heimat, die ihm Schutz gegen die Diskriminierung bieten sollte.

III

Im Anderen daheim

Heimkommen – An einem kalten Novembertag kommt ein Geflüchteter vor das reiche Schweizer Städtchen Goldach. Er hat nur einen alten Fingerhut in der Tasche, und statt eines Proviants muss er sich mit Schneeflocken begnügen. Nähert er sich einem der Häuser, betrachten ihn die Leute mit Verwunderung und gehen auf Distanz.

Wie präsentiert sich ihm, dem Geflüchteten, das Städtchen Goldach? Es besteht *aus schönen, festgebauten Häusern, welche alle mit steinernen oder gemalten Sinnbildern geziert und mit einem Namen versehen* sind.[47] Ein Haus heißt *Zum Schwert*, ein anderes *Zum Eisenhut*, wieder ein anderes *Zur Wasserfrau* oder *Zum Paradiesvogel*. An den Häusern werden die Sitten und Gebräuche der vorherigen Jahrhunderte sichtbar gemacht. An den Bauten der Aufklärungszeit stehen Wendungen wie *Zur Redlichkeit*, *Zur Bürgertugend* oder *Zur Verfassung*.[48] Die Goldacher, das wird dem eingeschüchterten Ankömmling klar, sind stolz auf ihre Herkunft und ihre Traditionen. Aber wie soll der Heimatlose, der keine solch stolzen Tugenden vorweisen kann, hier heimisch werden?

Wir sind in Gottfried Kellers Seldwyler Novelle *Kleider machen Leute*, die auch ein Märchen ist. Der Passant heißt Wenzel Strapinski und ist ein Wirtschaftsflüchtling aus Polen. Sein einziger Besitz ist sein schwarzsamtiger Radmantel, dank dem man ihn für einen reichen Grafen hält und demzufolge, da man ihn verwechselt, gerne aufnimmt. *Mit ganz anderer Miene aber besah er sich die Stadt, als wenn er um Arbeit darin ausgegangen wäre*, schreibt Keller mit Ironie.[49] Als Graf will Wenzel sein Glück machen, heiraten und Erfolg haben, um ein richtiger Goldacher zu werden. Dazu muss er, das macht Kellers Erzähltrick der Verwechslung deutlich, ein anderer werden, seine angestammte Identität aufgeben – so will es das Assimiliationsgebot des 19. Jahrhunderts, das auch schon ein Jahrhundert der Migration war.

Wie aber müsste Goldach gebaut sein, um dem Migranten wie dem Einheimischen eine Heimat zu sein? Kann Architektur überhaupt Heimat stiften?

Seit Frischs Rede *Die Schweiz als Heimat?* nimmt man das Wort *Heimat* nur zögerlich in den Mund, man beißt, wie schon Frisch, auf Anführungszeichen. Dennoch war der deutsche Pavillon der Architekturbiennale 2016 in Venedig mit der kühnen Überschrift *Making Heimat. Germany, Arrival Country* versehen. Die durchbrochenen Wände des Pavillons signalisierten die Ankunft der Geflüchteten. Doch für eine dauerhafte Ästhetik des Seins in einer mobilen Gesellschaft gab dieser Pavillon noch kein Modell ab.

Offensichtlich stehen wir an einer Zeitenwende. Digitalisierung, Migration und Klimawandel erzeugen eine Verunsicherung, die auch als Heimatlosigkeit erlebt wird. Wir sind nicht mehr ganz zu Hause auf diesem Planeten. Darf man der Architektur die Frage aufgeben, wie viel an Vergangenheit und Tradition in die migrantische Zukunft gerettet werden soll?

Schöpferisches Nachbauen, so hieß die umstrittene Neukonzeption des historischen Viertels in Frankfurts Altstadt. Der Versuch, mittelalterliche Baulichkeiten wieder erstehen zu lassen, drohte jedoch zu einer Art Disneyland zu werden, weil er die Brüche der Geschichte nicht sichtbar werden ließ. Denn die Kunst, auch die Architektur, ist immer das Gegenteil von Traumkitsch. *Was wir Kunst nannten, beginnt erst zwei Meter vom Körper entfernt. Nun aber rückt im Kitsch die Dingwelt auf den Menschen zu*, schrieb Walter Benjamin.[50]

Der Wunsch, in Gebäuden zu wohnen, welche die eigene Geschichte spiegeln und darstellen, hat in der Architektur zu bedenkenswerten Experimenten geführt. Zu Beginn des 20. Jahrhunderts gab es den aus dem Jugendstil weiterentwickelten Versuch zum *organischen Bauen.* In meiner Nachbarschaft, in Dornach, entstanden um das Goetheanum gruppierte Beispiele für das, was der Anthroposoph Rudolf Steiner unter menschengerechtem Wohnen verstand. Sein Häuserbau sollte den Gesetzmäßigkeiten der Naturformen entsprechen. Gehe ich heute durch Dornach, überfällt mich jedoch das Gefühl, an einem Ort zu sein, der gänzlich aus der Zeit gefallen ist. Zukunft ist hier nicht zu finden. Vielmehr reproduziert das Dörfchen jenes dunkel Raunende, das Steiners Theorie schon immer innewohnte. Der Hang zur Idylle, selbst im Monumentalen, ist nie weit von jenem Kitsch entfernt, den Benjamin beklagte.

Ein Ort, der in mir, auch als Reisender, Heimatgefühle weckt, weil ich ihn unzählige Male besucht habe, ist Paris. Nicht das Paris des Eiffelturms, aber das der Straßenpoller, der Signalisation, der Sandsteinfassaden und Bleidächer. Heimatgefühle verspüre ich nicht vor dem Arc de Triomphe, sondern bei den Briefkästen, den Bushaltestellen, den Métroeingängen und Straßennamen. *Die kleinen Objekte des Stadtraums*, schreibt Vittorio Magnago Lampugnani, *sind Mikroarchitekturen und Baudetails, die alle konzipiert, entworfen, gezeichnet, hergestellt und benutzt worden sind. Davon erzählen sie, sobald man sie genauer betrachtet: Sie haben ihre eigene Geschichte.*[51]

Eine Stadt ist wie ein Blätterteig, der unterschiedliche Zeitschichten in sich vereint. Zu Hause bin ich in Städten, die das Historische in Nischen und Falten bewahren, wo aber auch immer neue Bauten dazukommen, die in die Zukunft ragen. Womöglich bin ich ein Melancholiker, aber Orte ohne Spuren der Vergangenheit behagen mir nicht. Wie Literatur auf vergangener Literatur aufbaut, so nehmen Mikroarchitekturen Spurenelemente der Vergangenheit in sich auf. Zukunft, ohne den Gärstoff Vergangenheit, schmeckt abgestanden. Satellitenstädte und futuristische Entwürfe altern schneller, als man atmen kann.

Die gegenwärtige Urbanität steht im Dienst der Ökonomie. Zu dieser Ökonomie gehört: Innenstädte sollen Aufenthaltsräume sein, Einkaufshallen sollen zu Erlebniswelten werden. Aber im Konsum kann man nicht wohnen. Die Ökonomie des Konsums ist auf die Dauer defizitär, weil sie keine nachhaltige Bedürfnisbefriedigung bietet. Gefragt dagegen wären Orte, an denen man sich erkennt: Gebäude, Brücken, Plätze, die eine unverwechselbare Identität ausstrahlen. Architektur als Mittel gegen die Anonymisierung und gegen die Beliebigkeit. Wie viel Historisches und wie viel Zukünftiges sie aufnimmt, ist keine quantitative, sondern eine qualitative Frage und abhängig vom Kontext.

Um der Anonymisierung, ja, der Verrohung der Städte entgegenzutreten, müssten aber auch die Zwischenstädte und der Siedlungsbrei in den Blick genommen werden. Früher besaßen Dörfer ein Zentrum, einen Platz oder eine Kirche. Heute fehlt dieses Zentrum oft. Reihensiedlungen oder gar Industriehallen prägen die Landschaft. Und hier mag niemand sich aufhalten und schon gar nicht wohnen, wenn man nicht muss.

Könnte es sein, dass in der Zukunft die Identität einer Gegend stärker durch die Zwischenräume bestimmt wird?

Dies zumindest schlägt der französische Philosoph François Jullien vor, der die kulturelle Identität als *Abstand*, als *Zwischenraum* und nicht als fixe Entität beschreibt. Die prinzipielle Offenheit der Zwischenstädte ermöglicht es, diese Definition aufzunehmen und die kulturelle Identität den Bedürfnissen der Ankommenden wie der Einheimischen anzupassen.

Zwanzig Jahre nach Wenzel Strapinski in *Kleider machen Leute* lässt Gottfried Keller den Kaufmann und Romanhelden Martin Salander nach langer Abwesenheit in seine Stadt zurückkehren. Nicht nur die Stadt, auch er ist inzwischen ein anderer geworden. Wie ein Fremder stolpert er durch die Stadtarchitektur, bis er endlich doch angenehm überrascht wird, *als er unvermerkt, um eine Ecke biegend, sich in einen Häuserwinkel versetzt fand, den er augenblicklich an seiner verjährten ländlichen Bauart wiedererkannte.*[52]

So könnte eine Heimkehr sich abspielen. Seit über dreißig Jahren lebe ich im Basler St.-Johann-Quartier, in dem Altes und Neues ineinander übergeht. Weil ich bei jeder Heimkehr von Erinnerungen empfangen werde, bin ich hier zu Hause. Es gibt hier ein Forschungszentrum, Fitnessstudios, türkisches, tamilisches und schweizerisches Gewerbe, Wohnungen für Alteingesessene, Zugewanderte sowie für Expats. Werfe ich einen Blick über den Rhein, sehe ich Hochhäuser, welche die mittelalterliche Stadtsilhouette mit der Zukunft vermählen. Diese Schichtung unterschiedlicher Epochen, diese Hybridität entspricht meiner Vorstellung von Zeitgenossenschaft.

Happy fucking whatever – Noch immer habe ich die Hoffnung nicht aufgegeben, auf Reisen verwandelt zu werden. 1974 kam ich als Neunzehnjähriger zum ersten Mal nach

Porto, und die euphorische Stimmung der Nelkenrevolution passte gut zu meiner Abenteuerlust. Rund ein Jahrzehnt später nahm ich, zusammen mit dem Schriftsteller Hugo Loetscher, an einem Germanistenkongress in dieser Stadt teil. Noch heute erinnere ich mich an Hugos kluge und beredte Ausführungen über Land und Leute. Damals war Porto eine düstere, verschlafene Stadt mit Menschen, die noch nicht im modernen Lifestyle angekommen waren. Damals stand ich vor Schaufenstern, in denen Waren, Geräte, Schläuche und Metallteile lagen, deren Zweck ich nicht im Entferntesten entschlüsseln konnte und deren Unentzifferbarkeit mir zum Maß einer Fremdheit wurde, die mir ein Gefühl der Freiheit gab. Der Raum war weder vordefiniert noch determiniert.

Heute aber bricht, schlendere ich vom Bahnhof Porto São Bento zum Douro-Ufer hinunter, das mit englischen, französischen, spanischen und schweizerischen Zungen daherplappernde Tourismusmonster über mich herein. Es bildet vor Denkmälern, Konditoreien und Toiletten lange Staus und lässt mich nach zwei Stunden voller Erschöpfung in ein Starbucks-Lokal einkehren, was immer der Anfang vom Ende ist.

Dort trinke ich einen Chai Latte, ein Getränk, das weder europäisch noch portugiesisch ist, und frage mich, wo um Himmels willen ich gelandet bin. Ich habe mich verloren auf eine Art, wie ich es auf früheren Reisen nie getan hätte. Bin auch ich ein Massentourist?

Eine Touristin, ein Tourist, schreibt der Historiker Valentin Groebner, *ist eine Person, die auf eine bestimmte Weise schaut. (…) Sie ist nicht gekommen, um hier zu arbeiten, Geld zu verdienen oder Informationen einzuholen. (…) Ihre Informationen hat sie schon mitgebracht, deswegen ist sie ja da. Sie ist dorthin gereist, um das Schöne zu sehen.*[53]

Der Umbau des Reisenden zum Homo Touristicus beginnt schon am Flughafen. Gürtellose Menschen in Socken taumeln durch die Sicherheitskontrollen in die Duty-free-Zone, wo sie mit euphorischem Gesichtsausdruck Dinge kaufen, die sie nicht brauchen, als würde Duty-free nichts anderes als *ohne Pflicht und Arbeit* heißen, also reines Vergnügen. Meistens kaufen sie Big Size, denn das neue Europa mag es groß, sowohl was die Schokolade (Toblerone), was Zigaretten (Marlboro) als auch was Alkoholika angeht.

Ich fliehe bald aus Porto nach Óbidos, einer schmucken Kleinstadt in Meeresnähe, von deren weiß-blauen Häusern, eingefasst von einer begehbaren Stadtmauer, man mir vorgeschwärmt hat. Doch innerhalb dieser Stadtmauern, die bis zum Bersten mit Tourist*innen gefüllt sind, schleppe ich mich mit der mir mittlerweile vertrauten Erschöpfung und Niedergeschlagenheit an Geschäften vorbei, die nur noch Touristenware feilbieten. Bin ich in Portugal oder vielleicht schon in Kroatien, in Manchester, in Barcelona oder in Lyon?

Diese Zurüstung der Städte zu Tourismus-Prospekten macht jedes Verwandlungsversprechen zunichte. Statt jenes Ureigene Portugals zu finden, das sich beispielsweise in der farbigen Gestaltung der Hausfassaden zeigt, wird man von einer Zone in die nächste geschleust: von der Schlafzone in die Fressmeile, von der Kulturzone ins Vergnügungsviertel. Und rasend schnell folgt die Umwandlung landestypischer Eigenart in Folklore.

Happy fucking whatever ist auf dem T-Shirt eines Mädchens zu lesen, das mir aus einer der Kindereisenbahnen zulächelt; mit dieser Eisenbahn werden die fußlahmen Kinder und Erwachsenen von Zone zu Zone gekarrt. Für die grassierende Infantilisierung des Homo Touristicus werden keine Mühen gescheut. Angesprochen wird er vorzugsweise in großer Kinderschrift, deren sich Airlines wie Hotel- und Nahrungsmittelketten bedienen.

Der Overtourismus verwandelt die Realität in eine Kuschelzone und die Städte in Themenparks. Dominant ist die Ästhetik des Verpackungsmaterials, mit dem der Tourist stündlich zu kämpfen hat, wenn er die Butter, die Koffer, die Getränke und die Esswaren öffnen will. Denn alle Dinge in diesem neuen Europa kommen von irgendwoher und werden nach irgendwohin verschickt, und natürlich sind auch die Menschen gut verpacktes Frachtgut.

Portugal ist ein stilles und – wie oft gesagt wird – ein melancholisches Land. Die Azulejos wurden einst zum Schutz der Hauswände gegen die Feuchtigkeit erfunden. Der Portwein, nun in Big-Size-Flaschen verramscht, hat dieselbe Gefühlsfarbe wie der Fado. Vieles an Portugals Schönheit, die nun wie unter einer Schicht knallbunter Reiseprospekte verblasst, verdankt sich dem Nützlichkeitsdenken. Die Brücken, aber auch die kunstvoll-schlichten Häuser bezeugen noch immer jenes Flair für praktisches Bauen, das sich die Portugiesen nach der totalen Zerstörung Lissabons 1755 zum Überleben aneignen mussten.

In der Gestaltung des öffentlichen Raumes, der Agora, liegt das Gemeinsame der europäischen Staaten. In ihrer Geschichte haben sich Plätze, Kaffeehäuser und Kulturstätten gebildet, an denen eine Öffentlichkeit hergestellt wurde und wo die Sache der Demokratie im alltäglichen Gespräch verhandelt werden konnte. Solche Eigenheiten gehen im Overtourismus unter, da die Innenstädte austauschbar werden. Der binneneuropäische Tourismus mit seinem Weekend-Flugverkehr zerstört ein Erbe, das gerade heute dringend benötigt würde: Andersheit. Im neuen Europa, in das beispielsweise gewisse Apfelsorten Portugals nicht exportiert werden dürfen, weil sie zu klein sind, verwandelt der Massentourismus Stadtzentren in Nicht-Orte. Hier trifft sich keiner mehr zum Austausch mit anderen, hier wird bloß noch mit einem Selfie festgehalten, dass man da gewesen ist.

Die Städte und Länder unterwerfen sich den Bedürfnissen der Massen und vernachlässigen ihre Besonderheit und ihre Sperrigkeit. So vernichtet der Massentourismus die Neugier, die er zu bedienen vorgibt. Denn jede Stadt hat einen eigenen Geruch und ein eigenes Licht. Eine Stadt zu besuchen, hieß einmal, durch die Jahrhunderte zu wandern und das urbane Gebilde als Gewordenes zu erleben. Darin bestand ihr Reichtum, der nichts mit dem Konsumverkehr zu tun hat, wie er jetzt zwischen den Tourist*innen und den Einheimischen herrscht.

Nur ist den Reisenden das Bedürfnis nach Authentischem nie ganz auszutreiben. Statt sich den großen Tourismuskonzernen mit ihren vorgestanzten Touren anzuvertrauen, können sie sich in Portugal an eine Agentur für Individualisten wenden. Eine davon hat den Namen *We hate Tourism Tours*. Ihr Slogan: *We want to share our city with you by actually living it.* Aber würden die Reisenden damit nicht einmal mehr in die Falle des Massentourismus tappen?

In Marseille lernte ich, den Schmutz zu lieben – Man muss nicht Haschisch geraucht haben, wie Walter Benjamin dies am Anfang des letzten Jahrhunderts in Marseille tat, um die Stadt *berauschend* zu finden. Freilich handelt es sich im Fall von Marseille um eine abgewetzte, von den herkömmlichen Normen abweichende Schönheit, die ihre Wurzeln im Hässlichen hat. Verglichen mit dem benachbarten Aix-en-Provence, das sich nicht nur während des renommierten Musikfestivals einer elitären Ausstrahlung rühmen darf, oder dem von neureichen Tourist*innen mit einer schillernd-protzigen Ausstrahlung versehenen Nizza, erscheint Marseille ärmlich und ungestalt. In dieser Hässlichkeit die Schönheit zu entdecken, dafür lieferte der deutsche Denker Walter Benjamin, dessen übergroßes, an die Wand einer Buchhandlung gespraytes Abbild mich jeden Morgen begrüßt, den Schlüssel: *Ich begriff nun auf einmal, wie einem Maler (...) die Hässlichkeit als das wahre Reservoir der Schönheit, besser als ihr Schatzbehälter (...) erscheinen konnte (...).*[54] Benjamin nannte die Stadt ein *gelbes, angestocktes Seehundsgebiss, dem das salzige Wasser zwischen den Zähnen herausfließt.*[55] Für ihn ist es gerade der Makel, das Krumme und Unschöne, das ihn als Liebhaber an diese Stadt bindet. Würde ich, dieser Metapher zufolge, Marseille als meine Geliebte der letzten Jahre bezeichnen, zu der es mich immer wieder hinzieht, dann wäre ich um die Aufzählung einiger Unansehnlichkeiten nicht verlegen. Allein mein frühmorgendliches Joggen, beginnend auf der Cours Julien, vorbei am Konterfei des Philosophen, führt durch vermüllte Straßen voll geparkter Autos und beschädigter Trottoirs, aufgerissenem und gebrochenem Asphalt, über entzweite Blumenkisten, abgesessene Sofas und Schaumgummimatratzen, sodass das Rennen ein Hüpfen ist, ein Ausweichen und Wegjucken vor Hundekot, ausgeschütteten und eingetrockneten klebrigen Flüssigkeiten, ein Erschrecken vor einem zerrissenen Damenschlüpfer und ein Hin- und Herspringen vor den über die Trottoirs verstreuten, im Morgenlicht glitzernden Glasscherben. Abfall und wieder Abfall, wohin meine Füße treten, verschimmelte Lebensreste, von Verzehr und Genuss Zurückgebliebenes. Müll, der sich in den Straßen türmt, sodass man sich fragt, wie lange er da liegen bleiben wird, bis er endlich in eine der berüchtigten Abfalldeponien vor der Stadt abtransportiert wird.

Auch die Hauswände, denen entlang ich in den ersten Tagesstunden renne, sind verschmutzt, will sagen: bis auf den letzten Zentimeter mit Graffitis übermalt. Der Cours Julien, wohin sich zeitweise die Drogenszene begeben hat, ist ein gigantisches Graffiti-Museum, wo jede leere Hauswand in ein schreiendes Gemälde verwandelt wurde.

Was aber ist schön? Als Zeichen der Inanspruchnahme der Stadt durch ihre Bevölkerung, als expressive Durchdringung wären die Wände als *schön* einzustufen. Die Marseiller*innen leben intensiv *mit* ihrer Stadt. Sie eignen sie sich als Kreativfläche an, was dem Traum jedes Stadtplaners entsprechen müsste. Selbst der in den Nordquartieren immer wieder ausbrechende Drogenkrieg, dessen Rumor das Image der Stadt so weit im Griff hat, dass sie von großen Touristenmassen verschont bleibt, hält die Bewohner*innen nicht von ihrer Zuneigung zur Stadt ab.

Marseille ist keine hippe Stadt. In Marseilles Schönheit steckt ein Stück Arbeit; hier hat man das Unzumutbare in Eigensinniges verwandelt. Schönheit eröffnet sich in unerwarteten Durchblicken, in denen plötzlich das Meer aufscheint, oder im Blick auf die schroffen Felsen der Calanques. Schönheit ist hier nahe an jener Echtheit, die zuletzt als Ausdruck des unbedingten Lebenswillens triumphiert.

Über Jahrhunderte musste die Stadt die Ankommenden – auch jene, die man heute *Flüchtlinge* nennt – integrieren. In Marseille xenophob zu sein, ist bei der Anzahl an Migrant*innen ebenso einfach, wie es auf die Dauer unmöglich ist. Denn schon morgen kann der Metzger, der Arzt oder der Lehrer einer jener Eingewanderten sein, die man gestern noch ablehnte. Die Stadt hat etwas Unfertiges und an gewissen Tagen, wenn der Mistral die Bewohner*innen fast um den Verstand bringt, etwas Niederschmetterndes und Krankmachendes.

Vielleicht wegen seiner Verschmutzungstendenz ist eine der zivilisatorischen Errungenschaften zum Synonym dieser Stadt geworden: die Seife. Bereits das 14. Jahrhundert verzeichnet den ersten Seifensieder der Stadt. Der Sonnenkönig, dessen medizinische Entourage Luft und Wasser für alle Gesundheitsübel verantwortlich machte, holte bald die besten Seifensiedler nach Frankreich. Der König blieb indes dabei, körperlichen Dreck und Gestank nur kräftig zu überpudern, gewaschen hat er sich nur zweimal im Leben. Zum radikalhygienischen Utensil wird die Seife erst ganz im Siècle des Lumières. 1688, als Marseille sich als Seifen-Monopol etablierte, erließ der Minister Colbert die berühmte Verordnung, wonach bei der Herstellung tierisches Fett, vor allem Ziegenfett, durch Olivenöl ersetzt werden musste. Noch heute wird deshalb das Label mit dem Hinweis *Extra pur 72 % d'huile* versehen, womit sich die Seife dank guter Abbaubarkeit für umweltbewusste Zeitgenoss*innen empfiehlt. So wurde die Seife zum Inbegriff von Marseilles Willen zur Sauberkeit. Eine Purifizierung, die Anfang des letzten Jahrhunderts gern auch mit dem Bild eines sich reinigenden Afrikaners gezeigt wird, dessen Arm durch die Seife *geweißt* wird. Dabei waren gerade die *Muselmanen*, wie man muslimische Menschen nannte, über Jahrhunderte hinweg für ihre Sauberkeit berüchtigt. Die Spanier zum Beispiel grenzten sich durch strikte Selbstverschmutzung von ihnen ab. Die Engländer hielten die Franzosen – nicht zuletzt wegen der Seife – für Sauberkeitsfanatiker.

Das Sauberkeitsempfinden ist kulturell verschieden. Maghrebinische Kulturen zeichnen sich durch ein enges Verhältnis der Menschen zu den Dingen aus. Canetti hat dies am Beispiel der marokkanischen Souks gezeigt, in denen die Waren und die Menschen in enger Tuchfühlung bleiben. Westliche Sauberkeit dagegen bildet sich erst in der Distanz zur Gegenstandswelt; im Idealfall ist der saubere Raum leer.

Marseille setzt der Sauberkeit, dem Synonym für Schönheit, den Widerspruch entgegen. Den Widerspruch gegen die Verdinglichung eines Schönheitsbegriffs in einem Prospekt, einem Gesicht, einer Fassade. Diese Schönheit ist längst kommensurabel. Ein Körper, auch ein Stadtkörper, ist schön erst in der Bewegung; erst dann durchdringen sich innen und außen. Marseille ist eine Hafenstadt, die ebenso offen wie in sich verschlossen sein kann. Deswegen auch sind die Blicke durch die Häusergassen zum Meer einzigartig.

Was wir lieben, muss von uns verschieden sein – Auf die Frage, ob Narziss, der schon als Kind die Nymphen verzauberte, jemals zu hohem Alter reifen würde, antwortete der blinde Seher Teiresias: *Ja, wenn er sich nicht kennet.*

Diese Antwort des blinden Propheten ist dunkel.

Ist Fremdheit zum Selbst eine Voraussetzung, um ein hohes Alter zu erreichen? Ist nicht eher das Gegenteil der Fall? Oder liegt die Wahrheit in den besonderen Umständen von Narziss?

Kein Jüngling und kein Mädchen berührt diesen Sechzehnjährigen, in dessen entzückendes Aussehen sich alle verlieben. Jeder und jede prallt an seiner Selbstliebe ab. Bis ihm eines Tages die Nymphe Echo begegnet. Echo kann nicht schweigen. Wenn jemand redet, muss sie zurückreden und das letzte Wort haben. Sie trifft auf Narziss, und es gelingt ihr, mit ihm zu flirten, ja sogar ein Liebesgeflüster in Gang zu bringen. Ihr Zusammentreffen ereignet sich, als Narziss bei der Jagd von seinen Gefährten getrennt wird. Wie er vermeintlich einem von ihnen zuruft: Warum meidest du mich?, verwandelt Echo das Ende des Satzes in eine Antwort: Meidest du mich? Worauf er verhängnisvollerweise ruft: Wir wollen hier uns vereinigen!

Aber statt seiner Gefährten bricht nun Echo aus dem Gebüsch und umarmt ihn. Narziss rennt schreiend davon: Fort! Fort mit den Händen und Armen! Eher würde ich sterben! Du meinst, dir würd ich mich schenken!

Warum bedroht ihn die Liebe Echos? Warum glaubt er, sterben zu müssen, wenn er sich mit ihr vereinigen würde?

Liebe bedroht den, dessen Eigenart sich beim Lieben auflöst. Das Wesen des Narziss ist Selbstliebe, die gerade durch den Respons eines anderen Subjekts aufgehoben würde. So wird verständlich, warum Teiresias diesen Zustand der Selbstentfremdung als Voraussetzung des Wesens von Narziss setzt. Alt wird nur, sagt der Mythos, wer seinem Wesen treu bleibt.

Natürlich versteht Echo die letzten Worte seines Satzes wiederum falsch und zieht sich gekränkt zurück. Ja, die Kränkung macht ihr derart zu schaffen, dass sie vereinsamt und abmagert. Ihre Lebenssäfte verflüchtigen sich in Luft. Ihre Knochen werden zu Stein, zuletzt bleibt nur noch ihre Stimme übrig. Bis schließlich auch den verschmähten Narziss die Strafe ereilt: Möge er selbst so lieben und nie das Geliebte besitzen.

Im Mythos ist die Strafe immer die Antwort auf das Vergehen. In einer Selbstanrufung von intensiver lyrischer Qualität muss Narziss erkennen, dass der Jüngling, den er im Bachwasser gespiegelt sieht und in den er sich unsterblich verliebt, er selbst ist: Ach, ich bin es ja selbst! Ich merk es, mein Bild ist mir deutlich! Liebe zu mir verbrennt mich: Ich schüre die Glut, die ich leide.

Seine Selbsterkenntnis ist scharf genug, dass er nicht nur sein Wesen, sondern auch das Andere entdeckt. Das, was nicht er ist, nicht er sein kann, was er nicht leben kann: die Liebe. Diese wäre nur möglich, wenn das Bild im Wasser, das ihn spiegelt, von ihm abwiche, ihm widerspräche, anders als er selbst wäre. So formuliert der Mythos die Erkenntnis: Was wir lieben, muss von uns verschieden sein. Die Liebe muss die Gemeinsamkeiten zwischen den Verschiedenen erst herstellen, das ist ihre eigentliche Aufgabe, und anders wäre sie schal.

Narziss erkennt sich selbst und will sich zerstören. Seine Selbstliebe schlägt nun in Selbsthass um. So richtet der Mythos über sich; könnte Narziss die Lehre aus seiner Selbstverliebtheit ziehen, löschte er sich und seinen Mythos aus.

Die Vermutung liegt nahe, dass Narziss und Echo wesensverwandt sind. Wie viele griechische Mythen, die Ovid nacherzählt, erklären sie nicht nur ein Naturphänomen, sondern deuten das Wesen dessen, dessen Träger sie sind. Liebe, wie nichts sonst, ist nur zwischen zwei andersartigen, aber empathischen Subjekten, wie Narziss gerade keines ist, möglich. Damit sie Narziss erreichte, müsste ihm Echo etwas grundsätzlich anderes entgegenbringen können. Ihre Unfähigkeit zur Liebessprache ist die Entsprechung seiner Gefühlskälte. Damit ihn ihre Liebe erreichte, müsste Narziss sich von Echo umarmen lassen können und ihr seine Liebe zurückgeben.

Weit entfernt davon befindet sich der heutige Liebesmarkt auf den Kontakt- und Datingbörsen, in der die Partner*innen nach Gemeinsamkeiten und Übereinstimmungen ausgesucht werden. Wo diese quantitativ groß genug sind, entsteht eben das, was als ein *match* bezeichnet wird. Damit wird das Subjekt auf seinen narzisstischen Kern zurückgeworfen. Als politisches Subjekt wird es nur seinesgleichen akzeptieren wollen – und sich alle anderen vom Leib halten. Der Liebe wird damit jene Aufgabe genommen, die sie erst zu sich selbst bringt: Gemeinsamkeit zwischen Verschiedenen herzustellen.

Ich liebe dich, aber ... *(zusammen mit Silvia Henke)* – Nimmt man die Erklärungen der Soziologin Eva Illouz zum prekären Status der Liebe im Zeitalter der Autonomie ernst, dann stellt einen eine romantische Liebesgeschichte, wie sie Pedro Almodóvar 2016 in seinem Film *Julieta* auf die Leinwand brachte, vor lauter Fragen. Denn entgegen dem Zeitgeist erzählt Almodóvar noch einmal die Geschichte einer großen fraglosen Liebe, als wollte er uns deren Verlust in Erinnerung rufen.

Da ist Xoan, der zwischen zwei Frauen seinen Tod in der stürmischen See sucht, und da ist die Überlebende Julieta, die nach dem Verlust von Mann und Tochter ihre Liebe zu beiden nicht aufgeben kann. Es ist eine Liebesgeschichte auf Leben und Tod, mit archaischer Kraft erzählt. Direkter als alle an den Verhandlungsbörsen alphabetisierten Filme greift dieses Melodram auf die Gefühle zu. Noch einmal erlebt man mit, dass Liebe wehtun kann, wenn ihr Schicksalshaftes hervortritt. Mit jeder Einstellung führt der Film eine Liebe vor, deren Intensität über unsere Selbstbefreiungs- und Optimierungsstrategien hinausgeht. Sie verbindet nicht nur das Paar, sondern auch die Eltern mit ihrer Tochter. Für Almodóvars Liebesgeschichte sind alle klugen Ratgeber verloren.

Zum Mantra der Soziologin Illouz gehört die Warnung vor dem gefühlsökonomischen Kalkül, das aus Angst vor Liebesschmerz die Gefühle und Leidenschaften unter Kontrolle hält. Man schreckt zurück vor der eigenen Leidenschaft, weil man glaubt, sie nicht meistern zu können. Man fürchtet die große Liebe, aus Angst vor dem Selbstverlust. Zum größten Sakrileg in einer auf Selbstoptimierung ausgelegten Gesellschaft gehört, vom anderen abhängig zu werden. Die exzessiven Gefühle von Leidenschaft und Verfallensein leisten wir uns gerne im Kino. Im Alltag gilt Illouz' Befund, dass die Liebe ein Kompromiss zwischen Bindungsangst und Selbstökonomie ist, jedoch nie Verschwendung. *Julieta* führt nun direkt aus diesem Dilemma heraus in ein Mehr (und Meer) von Glück, Schmerz und Rätsel, eben dorthin, wo die Liebe vom Kalkül der Selbsterhaltung befreit ist.

Julieta und Xoan sitzen im selben Zug. Durch einen Selbstmörder, der sich auf die Gleise wirft, finden sie erst zusammen. Sie lieben sich im Abteil, während ein Hirsch gespenstisch vor dem Zugfenster auftaucht. Julieta wird schwanger. Leidenschaft, Tod, Zeugung, die Stränge von schicksalhaften Bindungen werden in diesen ersten Minuten in Bildern und Farben von klagender Schönheit miteinander verknüpft.

Almodóvars Film begegnet dem Zeitgeist der ironischen Dekonstruktion mit der Macht eines Mythos. Mythen glätten die Widersprüche, in denen sich Liebende befinden. Paare, die sich um Gleichheit, um gleiche Augenhöhe bemühen, finden laut Illouz kaum mehr aus den alltäglichen Verhandlungen heraus: Wer bezahlt die Rechnung im Restaurant in welchem Verhältnis? Wer entscheidet über die Einrichtung der Wohnung, wer über die Feriendestination? Wer ist an welchem Tag für die Kinder zuständig? Im Bemühen um Paargerechtigkeit verwandeln sich Liebende in Unterhändler ihrer eigenen Interessen. Wo gewährt man dem Anderen Rechte, und wo verrät man die eigenen Interessen? Verlässt einer den Verhandlungstisch, droht Chaos und Zerwürfnis.

Die neue Liebesordnung für emanzipierte Paare hält

also – so Illouz – einige Dilemmas bereit. Ihre These, dass Gleichheit *unsexy* sei, klingt nach Provokation. Illouz suggeriert, dass intensive Gefühle nur bei Ungleichheit, seis der Rollen, seis der Machtdynamik oder der Charaktere, zünden können. Durch BDSM-Rollenspiele kann die gegenseitige Anziehungskraft allerdings kaum dauerhaft gesteigert werden. Vielmehr weisen diese – in der Form von Handschellen im Schlafzimmer – erst recht auf das Elend der bürgerlichen Ehe hin. Denn die Rollen, die in *Shades of Grey* verhandelt werden, sind die bekannten: Frau verführt Mann zu mehr Gefühl und bestätigt durch ihre (spielerische) Unterwerfung seine gesellschaftliche Vormachtstellung, die er als Millionär sowieso innehat.

Zahlreich sind die Lobbyisten, die heute an die Türe eines Paares klopfen. Da sind nicht nur Gesetz und Politik, die Konkubinate verpflichten, Rechte und Pflichten auszutarieren. Da ist, als späte Abgesandte der Psychoanalyse und des Feminismus, auch die Fraktion von Ratgebern, die uns zur Selbstverwirklichung und gleichzeitig zu mehr Liebesfähigkeit aufrufen. Die anhaltend großen Scheidungsraten deuten darauf hin, dass nicht allen der Sprung von der hohen Leidenschaft in die langjährige Liebe glückt.

Mythische Verhältnisse aber glätten nicht nur alle Paradoxien, sie muten uns auch einen Schmerz zu, dem wir heute kaum mehr gewachsen sind. Julieta ist bereit, ihre Existenz für die Liebe aufs Spiel zu setzen. Sie folgt ihrer Leidenschaft und zieht zu dem Mann, der sie im Zug geschwängert hat, ohne ihn zu kennen und ohne weiter an ihren Beruf als Lehrerin für Altphilologie zu denken. Und er? Wahrlich kein Hausmann in Latzhosen, sondern ein einsamer Seebär, der neben der Frau auch eine Geliebte hat, und dies mit größter Selbstverständlichkeit. Ein Fischer, der es mit den Elementen aufnimmt.

Aber dämmert bei diesen Rollenbildern nicht wieder der rückwärtsgewandte Paartraum? Ist *Julieta* mehr als nur die Erinnerung daran, wie Liebe einmal in patriarchalen Zeiten gewesen ist? Sind Julieta und Xoan ein Paar mit Zukunft?

Der Film verbindet die mythologische Kraft absoluter Liebe mit den Widersprüchen des Feminismus und des partnerschaftlichen Egoismus. Er klagt den Egoismus an, den die leistungszentrierte Gesellschaft produziert. Xoan ist der emanzipierte Mann, der seine Frau liebt und doch seine polyamouröse Ader nicht ruhen lässt. Julieta fügt sich zunächst in seine Welt, ohne zwischen Beruf oder Liebe zu entscheiden. Zuletzt kann Julieta die Untreue Xoans nicht hinnehmen, woraufhin er sich in noch größere Gefahr auf See begibt und umkommt. Sie bleibt lebenslänglich verwundet, trauernd, ohne Therapie.

Sie bleibt aber eine Liebende. Erst durch ihren Liebesschmerz verliert sie ihre Tochter aus den Augen. So taucht hier etwas auf, was bei Illouz' Erläuterungen zur Liebe des Paars ausgeklammert bleibt: das Kind. Die Liebe zwischen Eltern und Kindern ist eine ebenso intensive Herausforderung wie jene zwischen Partner*innen, auch wenn sie als selbstverständlich und naturgegeben erscheint. Die Tochter in Almodóvars Geschichte verlässt ihre Mutter ohne Ankündigung, verschwindet aus deren Leben in eine konservative katholische Existenz und übt damit Rache an der Mutter, die sich in ihrem Liebesleid nicht mehr um sie kümmern konnte.

Der Film führt die Widersprüche in der Gemengelage eines zeitgenössischen, aufgeschlossenen Paares vor; er entblößt die Paradoxien eines spätbürgerlichen Liebesnarrativs. Die Schwierigkeit, vielleicht die Unmöglichkeit eines Glücksanspruchs, der mit Selbstverwirklichung verknüpft wird und deshalb keine Rücksichtnahme mehr erlaubt, ist uns, wenn auch in kleinerer Währung, allseits bekannt. Almodóvars Film zielt auf ein Drittes: sei es die Liebe zum Kind, die Akzeptanz des Schicksals oder, zuletzt, ein Projekt, das das Paar übersteigt.

Ich liebe dich! – Dieser in der Glut der Leidenschaft geschmiedete Satz wird im Laufe einer langen Beziehung nicht aufgehoben, aber ergänzt werden müssen. *Ich liebe dich, aber …*, wird er dann wohl lauten. Gleichwohl scheint es noch immer dieser eine Satz zu sein, der ein Paar zusammenhält.

Konterfei II – Ich war gespannt, welches Bild die Fotografin von meinem Gesicht machen würde. Sie kannte den Inhalt meines Buches, das mit dem Autorenporträt beworben werden sollte, und schlug als Erstes vor, dass ich mich im Treppenhaus aufstelle. Ich war einverstanden, da sie darauf bedacht war, die Leichtigkeit und das Doppelbödige meines Erzählens zum Ausdruck zu bringen. Mir wäre es lieber gewesen, sie hätte vom Buch abgesehen und mich mit ihren Bildern in einen bestimmten Typus Autor verwandelt: humorvoll, nachdenklich, sympathisch vielleicht, auf jeden Fall selbstironisch.

Schau in die Kamera, sagte sie, als könnte ich dort schon meine zukünftige Leserschaft entdecken. Sei natürlich, sagte sie, denn meine Verlegenheit verhalf mir gerade nicht zu mehr Lockerheit, mein Lächeln musste arg verkrampft aussehen. Ich stützte mein Kinn in die Hand; es erinnerte mich an zahllose Porträts, in denen sich halbseidene Prominenz in Pose warf und gleichsam Rodins Denker imitierte. Autorinnen, die mit Schlafzimmerblicken dargestellt wurden, Autoren, die posierten, als seien sie gerade bei der Großwildjagd geknipst worden. Mir wurde bewusst, wie bestimmend meine Arm- und Beinstellungen für den Eindruck waren, den ich als Schriftsteller auf Leserinnen und Leser machen würde. Die kleinste Veränderung der Armstellung konnte aus mir einen Kasper machen oder einen schrecklichen Langweiler, dessen Buch niemand lesen wollte.

Die Fotografin zog ihre langen dunklen Augenbrauen hoch und bannte meine Haltungen mit einer Kaskade von Klicks. Sie suchte nach etwas Bestimmtem und dirigierte mich mit leisem, freundlichem Gemurmel weiter durch die Räume.

Die Bilder von Kafka fielen mir ein, das eine geniale Foto, das das Dunkle und Rätselhafte, eben das Kafkaeske in seinem Gesicht einfing. War das nun das Ergebnis einer Leserprojektion, oder hatte der Fotograf, dessen Namen ich nicht kannte, von Anfang an ein Gesicht gesucht, das zu Kafkas Texten passte?

Die Fotografin legte die Kamera zur Seite und baute einen Blitzlichtschirm auf. Das Blitzlicht machte meine Haut heller. Die Fotografin hatte es in der Hand, meine *ethnische* Zugehörigkeit zu kalibrieren. Sie konnte aus mir einen dunkelhäutigen Maghrebiner machen oder mich mit der milden, olivfarbenen Hauttönung eines urlaubsverwöhnten Mitteleuropäers zeigen.

Das Bild, das die Fotografin von mir machte, stimmte dann überhaupt nicht mit meinem Selbstbild überein. Ich sah jemanden, über den ich gerne losgelacht hätte, jemanden, zu dem ich nur ein ironisches Verhältnis herstellen konnte, ja, dessen Antlitz mich ebenso verwunderte, wie es einen leisen Schauder der Fremdheit in mir auslöste.

Jeder hat von sich ein *inneres* Bild. Weichen die Fotografien zu weit von diesem inneren Bild ab, ist man von sich selbst befremdet.

Ich stand eine weitere Stunde im Blitzlichthagel, bis sie mir, mit einem Blick aus dem Fenster des Treppenhauses, vorschlug, die nächste Serie im Garten zu machen. Wir räumten die Gartenstühle zur Seite, und ich dachte über die Frage nach, warum Gartengeschirr und Gartengestühl in keinem Fall zu einem Autorenporträt passten, obwohl Hesse zum Beispiel ein großer Gärtner gewesen war. Vielleicht weil man Schriftsteller*innen nicht bei entspannter Gartenarbeit sehen wollte? Oder weil Autorenporträts, wie ich es in meinem Roman *Der Mann ohne Licht* geschrieben hatte, alles Zufällige und Nebensächliche ausräumen sollten? Stünden im Hintergrund Freizeitmöbel, karikierten sie die Tiefe der Schreibarbeit. Schreibende sollten doch von der Aura größtmöglicher Vergeistigung umgeben sein, sodass Lesenden das Wort *Geistesgröße* einfiel. Nun fürchtete ich aber – und teilte der Fotografin meine Befürchtung auch mit –, dass ich, vor dem wuchernden Bambus fotografiert, allzu leicht zu viel *exotischen Touch* abbekommen würde. Die Natur widerspricht dem Geistigen, sagte ich ihr, Natur und Geist sind zwei Welten, und wer seine Begabung und seine Kreativität unterstreichen will, sollte sich nicht auf einem Segelboot in Badehosen ablichten lassen!

Schließlich begaben wir uns in die Küche, tranken einen Kaffee, und die Fotografin zeigte mir eine erste Auswahl. Die Serie im Treppenhaus schien mir gänzlich missraten. Die Gartenbilder zeigten einen Naturmenschen, der ich nicht war. Die Fotografin hatte mich in Dutzenden von Bildern vervielfältigt, sodass sich das, was man als Selbst bezeichnete, zu verflüchtigen drohte.

Die Fotografin lehnte sich zurück und lächelte. Was, fragte sie, hätte ich denn erwartet? Hatte ich tatsächlich einen Moment lang gehofft, mein Selbst zu entdecken?

IV

Die Realität als Wunde

Silberne Rippen im Sprachleib – Die Wahrheit der Literatur ist verschieden von jener der Wissenschaft. Die Wahrheit der Literatur ist subjektiv und anschaulich. Über die Fachsprache dringt die Wissenschaft in die Literatur. Die Fachsprache kann so stark sein, dass ihr Diskurs als *Jargon* rezipiert wird. Insbesondere ist dies bei der Sprache jener Wissenschaft der Fall, an die ich hier denke: die Sprache der Medizin. Ihr wohnt ein mäeutisches Moment inne, denn die Versprachlichung des Leidens produziert zuerst einmal jene Krankheit, die sie heilen will. *Welche entscheidende Linie*, fragt Foucault in *Die Geburt der Klinik*, *trennt eine Beschreibung, die Membranen als ›durchnässte Pergamente‹ schildert, von jener anderen nicht weniger qualitativen, nicht weniger metaphorischen, die über den Gehirnhüllen so etwas wie Eiweißhäutchen ausgebreitet sieht? Man muss sich*, schreibt Foucault weiter, *für eine Antwort jener Region zuwenden, in der die Dinge und die Wörter noch nicht getrennt sind.*[56]

Als ich in *Ein Stück Himmel* zu einem medizinischen Thema schrieb, musste ich mich zuerst in den medizinischen Jargon einarbeiten. In Verlegenheit brachte mich eine der beiden Romanfiguren, der Arzt. Denn ich musste herausfinden, wie ein Arzt lebt, wie er denkt, fühlt und spricht, wenn er beispielsweise eine Operation ausführt. Was geht bei ihm vor, wenn er ins Innere eines Menschen schneidet?

Ich ersuchte als Erstes um die Teilnahme an einer Operation und begab mich eines frühen Morgens in den Operationssaal zu einem Ärzt*innen- und Pfleger*innenteam, das eine ältere Frau an der Wirbelsäule operieren sollte. Bereits hatte die Patientin im Einleitungsraum eine Vollnarkose erhalten, als ich mir das sterile Schutzgewand überzog. Diese *Verkleidung* musste genügen, um mir die Angst vor dem Anblick und die Skrupel vor dem eigenen Voyeurismus zu nehmen.

Als der Chirurg das Skalpell an der markierten Stelle am Rücken der Frau ansetzte und ihr mit sicherer Hand ins Fleisch schnitt, schoss Blut hervor. Ich zuckte zusammen, obwohl ich wusste, dass die Frau mittels Propofol einige Stunden lang völlig schmerzimmun sein würde und vielleicht in angenehmen hypnagogischen Bildwelten weilte. Der Chirurg drang nun tiefer in den Rücken vor, wie beim Stollenbau, während der Narkosearzt an den Monitoren die Vitalwerte der Patientin überwachte. Zwischendurch konnte ich einen Blick in die Wunde werfen und sah weißliches Rückenmark durch eine blutige, suppenartige Flüssigkeit hervorscheinen. Die klaffende Wunde markierte den Eingang ins Körperinnere, sie stellte buchstäblich die Schnittstelle zwischen außen und innen dar.

Bei jeder Wunde fällt das Innen und das Außen in eins. Kafkas Erzählung *Ein Landarzt* fiel mir ein, in der der Blick des Arztes auf die Wunde eines jungen Mannes fällt: *Rosa, in vielen Schattierungen, dunkel in der Tiefe, hellwerdend zu den Rändern (...).* Doch je mehr sein Blick eindringt, desto mehr versagen ihm die Worte, und zuletzt denkt der Arzt: *Wer kann das ansehen, ohne leise zu pfeifen?*[57]

Kam hier meine Sprache an eine Grenze? Wie ein nüchternes Echo in einer Techniksprache klang es danach im OP-Bericht:

Nach erfolgter Hautinzision in der Mittellinie über den Dornfortsätzen wurden subperiostal die Querfortsätze angefrischt. Kontrolliertes Besetzen der Pedikel von LWK4 und SWK1 mit Schrauben von 7 mm Durchmesser, Einbringen von zwei mit der entsprechenden Lordose versehenen Stäben und definitivem Fixieren mit den Hütchen. Danach Verschluss der Wunde: epifasziale Präparation auf den linken hinteren Beckenkamm. Eröffnen der äußeren Kortikalis, Entnahme des kortikalen Spans und weitere Entnahme von reichlich Spongiosa. Blutstillung mit Knochenwachs und Spongostan, welches mit Bupivacain getränkt wurde. Schichtweiser Wundverschluss über Fasziennaht mittels Einzelknopfnähten (…).

Die Sprache der Medizin ist ein Spezialfall. Nicht nur, weil sie den, der sie nicht versteht, ausgrenzt. Das tun alle Fachsprachen. Doch ist ihr, neben ihrem offensichtlichen Anspruch auf die Faktizität, eine versteckte Schönheit eigen. Ihre Begriffe geraten angesichts des lebendigen Leibes leicht ins Zittern. Was sind Einzelknopfnähte, was Lordose? Was bedeutet das Wort Schmerz oder Blutstillung?

Medizinischer Jargon bannt die Krankheit und bündelt die Symptome. Wenn ich weiß und benennen kann, woran ich leide, geht es mir besser. Symptome ohne Namen sind nicht behandelbar. So ist die Sprache der Medizin in besonderem Maße eine Setzung. Hat nicht Gottfried Benn mit seinem bekannten Gedicht gerade sie gemeint: *Ein Wort, ein Satz –: aus Chiffren steigen / erkanntes Leben, jäher Sinn (…).*[58] Nicht zufällig hat der Dichter und Arzt, dem das Wort ein Akt kreativer Setzung war, als einer der Ersten medizinische Fachwörter als literarisches Kunstmittel gebraucht.

In jedem Fremdwort, schreibt Adorno, *steckt der*

Sprengstoff der Aufklärung, in seinem kontrollierten Gebrauch das Wissen, dass Unmittelbares nicht unmittelbar zu sagen, sondern nur durch alle Reflexion und Vermittlung hindurch noch auszudrücken sei.[59] In besonderem Maße ist der Jargon der Medizin als künstliche Setzung erkennbar, die den Eingeweihten vom Uneingeweihten scheidet. Natürlich sind wir empört, wenn wir nach einem diagnostischen Gespräch beim Arzt nichts verstehen. Doch ist der Diagnose, so unangenehm sie sein mag, vielleicht eine eigene Art der Poesie eigen. Walter Benjamin nannte das Fremdwort die *silberne Rippe* im Sprachleib. Er war es auch, der das Operieren und Schreiben im unvergesslichen Aphorismus »Poliklinik« miteinander verquickte:

> *Der Autor legt den Gedanken auf den Marmortisch des Cafés. (...) Dann packt er sein Besteck aus: Füllfederhalter, Bleistift und Pfeife. (...) Kaffee, vorsorglich eingefüllt und ebenso genossen, setzt den Gedanken unter Chloroform. (...) In den behutsamen Lineamenten der Handschrift wird zugeschnitten, der Operateur verlagert im Inneren Akzente, brennt die Wucherungen der Worte heraus und schiebt als silberne Rippe ein Fremdwort ein. Endlich näht ihm mit feinen Stichen Interpunktion das Ganze zusammen, und er entlohnt den Kellner, seinen Assistenten, in bar.*[60]

Zu viele silberne Rippen verderben den Textkörper. Das Einarbeiten muss ebenso sorg- wie sparsam sein und ästhetisch ausbalanciert werden. Denn die Umsetzung, das Weglassen, das Verdichten, das Dazuerfinden und das Ausbauen der Bedeutungshöfe der Sprache gehört dazu, wenn ein literarischer Text hergestellt werden soll.

Eine Operation zu beschreiben, wie ich es in meinem Roman unternahm, kam einer Verlebendigung eines toten Körpers gleich. Textkörper und Humankörper mussten eine sprachsymbiotische Beziehung eingehen. Der Virchow'sche Schnitt, eine Paradetechnik zum Öffnen eines Körpers, wurde im Roman zum Strukturmuster.

Die Beschreibung dieser Operation war ein Stück meines Weges zu mehr Realismus. In der Wunde steckte die tiefste Realität. Es gibt im medizinischen Jargon maximal wenig Metaphorisches. Zugleich war der ganze Roman ein Abwehrzauber gegen meine wachsende Todesangst.

Wir verwunden, um zu heilen – gemäß der Inschrift am Gebäude der alten Chirurgie in Gießen: *VULNERANDO SANAMUS*. Verwundet wird der Körper eines Mannes im Roman, eines Schulfreundes des Arztes. Im Gespräch der beiden Freunde sollte die Schrift zugleich ein Medium der Heilung gesellschaftlicher Wunden sein. Etwas *besprechen* heißt ja nicht nur, es sichtbar zu machen, sondern auch, ihm eine Sprache zu geben, um es zu heilen. Nicht zufällig ist im Deutschen von der *Sprechstunde* die Rede, wenn Arzt und Patient zum Dialog zusammenfinden.

Die Geburt des Realismus aus dem Geist der Anatomie – Er habe die Feder wie ein Skalpell geführt, sagte einst der Kritiker Charles-Augustin Sainte-Beuve über Gustave Flaubert. Um diesem Satz auf den Grund zu gehen, fuhr ich, die Pariser Hektik hinter mir lassend, nach Rouen. Das Wahrzeichen der Kleinstadt an der Seine besteht aus einer kuriosen Turmuhr aus dem Jahre 1389, deren Zifferblatt mit goldenen Sonnenstrahlen als Dekorationsmalerei und dem Fehlen eines Minutenzeigers verblüfft. In der Nähe zu dieser Kuriosität thront ein anderes Kunstwerk, die Kathedrale, deren üppig verzierte Außenfassade jeden Besucher fasziniert. Dutzende von Heiligenfiguren stehen eingebettet in architektonische (Zeit-)Falten, die sich gegen den Himmel verjüngen. Ein detailverliebtes Bauwerk, als wäre es dem organischen Inneren eines Lebewesens nachgebildet.

In Flauberts Literatur spielte diese Kathedrale eine wichtige Rolle; die berühmteste Verführungsszene der französischen Literatur fand hier statt. In das Halbdunkel des immensen Kirchenraumes begibt sich an einem schönen Sommermorgen Léon zum Rendezvous mit der verheirateten Emma Bovary. Lange Minuten des Wartens lassen ihn zweifeln, bis Emma schließlich naht: *Seidengeraschel auf den Steinplatten, eine Hutborte, ein schwarzes Mäntelchen … Da war sie!*[61] Blass, hübsch und voller Skrupel, lenkt sie Léons Begierde geschickt auf die Kostbarkeiten der Kathedrale, bis er Emma entschlossen auf den Vorplatz des Gotteshauses zieht und die Droschke bestellt, in der sie sich hinter geschlossenen Vorhängen bis zum Sonnenuntergang miteinander vergnügen.

Auch Flauberts Geburtshaus, das ich am nächsten Tag aufsuche, steht in Rouen. Damals war es ein Hospital, in dem Flauberts Vater als Chirurg arbeitete. Der junge Gustave und seine Schwester kletterten gerne auf das Absperrgitter, um in den Anatomiesaal zu spähen, wo ihr Vater Autopsien vornahm. In einem Brief beschreibt Flaubert, wie er seinem Vater im Amphitheater des Hörsaals beim Öffnen einer Leiche zusah und wie die Fliegen auf der Leiche ihren Beitrag zu deren Zersetzung leisteten. Da muss ihm der Glaube an die Ewigkeit und Heiligkeit des Fleisches abhandengekommen sein, denn seine berüchtigte amoralische Beschreibungskälte, über die sich seine Zeitgenossen empörten, war wohl die Folge der Beobachtung der väterlichen Obduktionen. Die Geburt des Flaubert'schen Realismus erfolgte also aus dem Geist der Anatomie und der Autopsie. Trug der Realismus bei Balzac noch bürgerlich-behäbige Züge, so wurde er bei Flaubert zu einer radikalen Absage an jede metapherngesättigte Überhöhung.

Heute ist das Haus ein Museum und vereint die schriftstellerische mit der chirurgischen und pharmazeutischen Welt. In den Gängen und Räumen, sorgsam in Vitrinen aufbewahrt, liegt das chirurgische Besteck von Flauberts Vater, daneben Apothekerfläschchen und Döschen, aber auch, die damalige Forschung der anatomischen Medizin veranschaulichend, Totenköpfe von Gehängten. In einem anderen Zimmer stoße ich auf eine monströse Gebärmaschine, mit der der Geburtsvorgang demonstriert wurde, genannt *La Machine*. Sie wurde im 18. Jahrhundert von einer gewissen Angélique Marguerite Le Boursier du Coudray zum Zwecke der Unterweisung der Landfrauen erfunden. Hier stelle ich mir den kleinen Gustave vor, wie er ebenso fasziniert wie verängstigt in das schwarze Loch dieser Maschine starrt, aus dem angeblich die Kinder kommen. Vielleicht hätte Freud aus diesem Anblick die Genese der berüchtigten Kutschenszene in *Madame Bovary* herleiten können.

Die schonungslose Erforschung des menschlichen Innern war die Erblast, die Gustave von seinem Vater übernahm. Literatur soll medizinisch sein, so schrieb er in einem Brief an seine Geliebte Louise Colet. Die berühmte Karikatur von Achille Lemot, *Autopsie de Madame Bovary* (1869), zeigt denn auch den schnauzbärtigen Dichter, wie er das aufgespießte Herz von Emma in die Höhe hält, in der anderen Hand hält er eine Lupe. Forschte der Vater noch nach Krankheitsursachen, so der Sohn nach den Paroxysmen des Herzens. Dazu musste seine Schreibhaltung unmetaphorisch, das heißt realistisch werden. Tatsächlich zeigen Untersuchungen wie die des Literaturwissenschaftlers Marc Föcking, wie eng Flaubert seinen Roman mit der damaligen Anatomie verknüpfte, ja, wie strikt er sich von den klinisch-anatomischen Fallgeschichten leiten ließ. Denn *Madame Bovary* ist, wie Flaubert sagte, mehr Biographie als Roman, eine Art *biographie pathologique*. Dem biographischen Genre verpflichtet, reduzierte Flaubert die Handlungsdichte und das Personal und erzählte das Leben der Bovary als das eines Durchschnittsmenschen, wie es auch in der damaligen Krankheitslehre üblich war. Sainte-Beuve und anderen entging nicht, wie der Autor Emotionales auf Physisches reduzierte. Sie sprachen darum von einer *Physiologisierung des Sentiments.*

Dementsprechend beginnt der Roman auch nicht mit Emmas Geburt, sondern mit dem Ausbruch des sich als krankhaft herausstellenden Wunschdenkens und dem Realitätsverlust der jungen Emma. Und er endet mit ihrem Suizid, der einem hysterischen Anfall nachempfunden ist. Im Roman werden die Fähigkeiten des angesehenen Doktor Larivière bezeichnenderweise mit den Techniken des Autors verglichen: *Sein Blick, schärfer als seine Skalpelle, fuhr einem hinab in die Seele und entblößte durch Ausflüchte und Verschämtheiten hindurch jede Lüge.*[62] Umgekehrt gleicht der Autor seinen Stil den Gepflogenheiten der klinischen Fallgeschichte an, indem er die Erzählinstanz an ein überpersönliches *man* zurückbindet.

Indem Flaubert die chirurgische Kälte mit seiner Lust am realistischen Detail vereinte, brach er mit dem romantischen Erzählen und wurde zum Wegbereiter des modernen Realismus. Sein Hunger nach Realität war groß, und seine Recherchen für seine Romane aufwendig. Sprichwörtlich wurde der Papagei, den er sich beim Verfassen der Erzählung *Ein schlichtes Herz* ausgestopft auf den Schreibtisch gestellt hatte.

In der Gegenwart hat sich der Realismus, den Flaubert dem bürgerlichen Zeitalter einschrieb, als Schreibhaltung weiterentwickelt. Vielleicht stellt er die konsequenteste Antwort auf die schleichende Entwirklichung der Körper und der Gegenstände durch die Digitalisierung dar. Denn heute trifft der Erzähler, den Flaubert in seiner nosologischen Prosa installierte, auf eine in noch höherem Maße unzuverlässige Realität. Der Wille realistischen Erzählens, das Reale bloßzulegen, zu untersuchen und lesbar zu machen, begünstigt eine Schreibhaltung, die die Abgründe des Individuums wie auch gesellschaftliche Strömungen und Tabus kontextualisiert. *Sitten in der Provinz*, untertitelte Flaubert konsequenterweise seine Studie zu Emma Bovarys Leben. In einer Zeit, in der die herkömmlichen Stützen der Gesellschaft am Bröckeln sind, wird der Realismus der Sitten neu ins Recht gesetzt.

Flauberts Stil entsprach nicht nur einem analytischen Besteck, sondern war auch ein mächtiger Gegenzauber. Der Autor musste die seelische Verwundung, die die von seinem Vater geöffneten Leiber in ihm hervorgerufen haben, ein Leben lang mit seiner Schreibkunst heilen. Selbst in Emmas promiskuitiver Lust kann man noch ein Echo der *Schändung* der toten Körper durch den Vater sehen. Gustave hatte bei seinem Vater gelernt, dass die Wahrheit dort am deutlichsten zutage tritt, wo der Anatom den schönen Schein der Oberfläche durchbricht.

Das Intime bei Annie Ernaux – In den siebziger Jahren erhielt ich eine Super-8-Kamera geschenkt. Ich nahm sie mit auf jene Ausflüge, die Spektakuläres versprachen. Was diese Filme dann aber zeigten, war gerade das Gewöhnlichste: einen Wasserfall, eine Kuhweide, später dann meine Freundin auf dem Fahrrad.

Andere filmten den ersten Zahn ihres Kindes, den Hund, der auf zwei Beinen stand, oder die Tante, die auf den Ski zum ersten Mal den Abhang hinuntersauste. Ein Familienfreund, begeistert von der neuen Technik, filmte die Geburt seines Kindes.

Während wir glaubten, die kleinen, aufregenden Abweichungen vom gewöhnlichen Leben aufzuzeichnen, filmten wir in Wahrheit unseren banalen Alltag. Wir filmten, um die Ereignisse des Lebens, das uns schon damals zu schnell zu vergehen schien, festzuhalten. Wir, eine bikulturelle Familie, mussten uns unserer selbst versichern. Wir machten aus unserem Leben einen Film, bei dessen Vorführung wir uns selbstverständlich wurden.

An den Filmfestspielen in Cannes hat die französische Autorin Annie Ernaux ihren Film *Die Super-8 Jahre* vorgestellt. Dafür griff sie ins private Archiv und stellte einen einstündigen Film zusammen, der uns nicht nur ihr Leben, sondern auch die Träume ihrer Klasse offenbart, wie sie es in ihren Romanen seit Jahrzehnten tut. Entstanden ist das Dokument einer für die siebziger Jahre typischen Familienerzählung, die ganz im Zeichen des Aufstrebens der bürgerlichen Klasse und der Bestätigung des Erreichten steht.

Es sind persönliche, ja zuweilen intime Bilder, die man, anders als die in Social Media geposteten, nur im kleinen Kreis anschaut. Einmal dringt die Kamera unangemeldet ins Zimmer von Annie ein und ertappt sie beim Schreiben. Aufgeschreckt und verlegen blickt sie hoch, denn ihre literarische Arbeit geschieht abseits der Familie.

Nicht zufällig verweist der Titel des Films auf ihren Roman *Die Jahre*, in dem sie ihr Leben als das Leben von uns allen erzählt. Für Annie Ernaux, eine Freundin des Soziologen Didier Eribon, ist der Einzelne nur in seinem sozialen und geschichtlichen Kontext verständlich. *Les Années* führt uns durch die zweite Hälfte des letzten Jahrhunderts, angefangen mit dem Wiederaufbau, den Wehen des Algerienkrieges, der Erfindung der Antibabypille, dem Beginn der Freizeitgesellschaft und der Technifizierung des Alltags durch Mixer, Waschmaschine, Auto oder Fernsehen. Darin enthalten ist eine Geschichte des zunehmenden Wohlstands und unseres Fortschrittsglaubens, bezeugt durch karieshemmende Zahnpasta, Krankenversicherung oder erste Auslandferien: *Der Fortschritt*, schreibt Ernaux, *war der Horizont des Lebens.*

Der Film widmet sich dieser Zeit des Aufbruchs und zoomt hinein in die siebziger Jahre. Wie im Buch ist die Autorin auch hier die Protagonistin des Geschehens. Damit schafft sie Echoräume, in die alle hineinhorchen können, unabhängig von Geschlecht, kulturellem Hintergrund und Nationalität.

Wir erleben eine französische Mittelschicht, die sich als aufgeklärt und engagiert, als sensibel und (erstmals) umweltbewusst, als kollegial und experimentierfreudig, als lokal verankert und gleichzeitig weltoffen versteht. So pilgert das Ehepaar Ernaux nach Chile, um Salvador Allende zu huldigen, reist nach Albanien zu Enver Hoxha, um den Realsozialismus zu studieren, und besucht die ehemalige französische Kolonie Marokko. Im eigenen Land ist Annie Ernaux gern bei ihrer Schwester in der Ardèche zu Besuch, deren naturnahes Leben ihr in einem fast utopischen Licht erscheint.

Unentwegt verschränkt der Film die kleine Geschichte mit der großen, wodurch selbst die privatesten Regungen und Phantasmen als Niederschlag der Epoche lesbar werden. Und das ist überraschend, hätten wir, die wir so viel auf unsere Selbstbestimmung geben, uns doch nie erträumt, dass unser Leben solcherart vom Zeitgeist durchdrungen ist.

Gleichzeitig legt der Film Zeugnis ab von der Einsamkeit einer jungen Frau, die, mitten im Familienverband, den Weg zu sich und dem eigenen Schreiben sucht. Derjenige, der filmt und damit die Perspektive vorgibt, ist ihr Mann Philippe Ernaux. Von ihm und ihrer Mutter sagt Annie, dass für sie beide in der Kulisse der siebziger Jahre verschwinden würden. Immerhin: Der Ehemann gab ihr als Ingenieur die finanzielle Sicherheit, und ihre Mutter hütete die Kinder. Denn Annie wollte vor allem eines sein: Schriftstellerin.

Nun ist es gerade der fortlaufende Kommentar der Autorin, der die Filmbilder über die Banalität hinaushebt, diese kühlen und präzisen Beschreibungen der Innenwelt, es ist der Ton, den wir aus Annie Ernaux' Büchern kennen. Kongenial verhält sich dabei das Medium Super 8 zu ihrer Literatur. Die Kommentare öffnen die Bilder in eine neue Vieldeutigkeit und lassen sie zu Kunstbildern werden.

Fast will man glauben, dass Annie Ernaux den Film zur Illustration ihrer Prosa hergestellt hat, während doch das Gegenteil der Fall ist, da sie sich beim Schreiben von Film und Foto leiten ließ. Seit W. G. Sebalds Umgang mit der Fotografie hat es wohl kein so glückliches Zusammentreffen eines Bildmediums mit der Literatur mehr gegeben. Während sich Sebalds Fotos wie Folien über seine Texte legen und sie vervielfachen, tauchen Ernaux' Kommentare die Filmbilder buchstäblich in ein anderes Licht.

Die Autorin hat immer schon gegen die Vergänglichkeit angeschrieben. *Alle Bilder werden verschwinden*, schreibt sie melancholisch zu Beginn ihres Romans *Les Années*.

Auch die Wörter, mit denen man Gesichter und Gefühle benennt, werden eines Tages verschwunden sein. Jetzt, wo unsere bürgerliche Epoche an ein Ende kommt, ist es keine schlechte Zeit für alte Fotos und Super-8-Filme. Auch das dürften Ernaux' Film und die Super-8-Filme zeigen: Die siebziger Jahre waren, trotz der großen Verwerfungen wie Watergate, Ölschock oder Vietnamkrieg, für Europa eine friedliche und prosperierende Zeit. Wir glaubten an den Aufbruch in eine bessere Welt und vertrauten darauf, dass die Weltgemeinschaft auf dem Weg zu mehr Frieden war, dass der Fortschritt unseren Alltag erleichtern und dass die Technik die Lebensqualität heben würde.

Fünfzig Jahre nach der Zeit in Annie Ernaux' Film wird der Ukraine-Krieg zu der Zäsur, die die Patina auf unseren Super-8-Filmen vollends hervortreten lässt. Denn die Bildarchive von heute, die Schnappschüsse auf Instagram, Twitter und Facebook, sind nicht mehr privat. Das Private ist in einer Bubble verschwunden. Tausend Bilder auf dem iPhone sind so gut wie keins, denn sie fügen sich zu keiner Erzählung mehr von dem, was *Ich* ist oder *meine Familie*.

Wenn Sterne vom Himmel fallen – In den sechziger Jahren des letzten Jahrhunderts war das Buch noch ein Medium der Selbstverständigung, über das man Abende lang diskutierte, mit dessen Protagonisten man sich identifizierte oder über dessen Aussagen man sich empörte. Heute ist die Literatur peripher geworden. Für viele dient sie nur noch der Zerstreuung und nicht mehr als Durchgang zur (Selbst-)Erkenntnis. An ihre Stelle treten die kurzatmigen, keiner Wahrheit verpflichteten Social-Media-Kanäle.

Drei Seitenblicke könnten verdeutlichen, worin auch in Zukunft die Aufgabe der Literatur bestehen könnte.

Als bei einem Match während der Fußballweltmeisterschaft 2018 in Russland plötzlich vier Mitglieder der Protestband Pussy Riot aufs Feld stürmten, begriffen wir Zuschauenden, dass etwas Unvorhergesehenes passierte, etwas, das weder im Skript der russischen Funktionäre noch im Plan der russischen Kameraleute vorgesehen war. Man ahnte, dass es um einen Protest gegen Putin ging. Die Kunstaktion der in Phantasieuniformen gekleideten Frauen unterbrach das Spiel und störte den reibungslosen Ablauf der WM, die die Machthaber gern als unpolitische Spiele gesehen hätten. Der Protest, so wurde später gemutmaßt, schien sich einerseits gegen die Instrumentalisierung der WM durch Putins Regime, andrerseits aber auch gegen die FIFA zu richten, deren erstes Ziel die Vermarktung ist. Die Kunstaktion von Pussy Riot kratzte am Schein einer schönen neuen Fußballwelt.

Wie reagierten die Ordnungshüter, welche Anweisungen gaben sie den Kommentatoren und Kameraleuten vor Ort?

Die Szene, in der die vier Frauen über das Fußballfeld rannten, wurde ganz einfach herausgeschnitten. Das gewohnte Replay blieb aus, und Minuten später rieb man sich die Augen und fragte seinen Nachbarn, ob er denn nicht auch das Auftauchen der Pussy Riots gesehen hätte.

In diesem Augenblick fiel mir Peter Weirs Film *The Truman Show* von 1998 ein. Der Film zeigt einen Tag im Leben von Truman Burbank in der idyllischen Kleinstadt Seahaven. Truman wacht fröhlich auf, frühstückt, fährt zur Arbeit, kauft unterwegs seine Zeitung und schaut in den makellosen Himmel. Aber der Himmel, die Sonne, der Mond und die Sterne, das Wetter und die gesamte Kleinstadt selbst sind nicht real, sondern eine gigantische, lebensecht nachgebaute Fernsehkulisse. Ein Publikum außerhalb Seahavens verfolgt Trumans Leben gebannt mit. Der fröhliche, gesunde und gänzlich durchschnittliche Truman ist nämlich der Held einer Soap Opera, sein rund um die Uhr gefilmtes Leben der Stoff, aus dem ihre Fernsehträume sind. Truman weiß nichts von diesem gigantischen Schwindel. Erst als versehentlich ein Scheinwerfer, der einen Stern darstellen sollte, vom Himmel fällt, wird er misstrauisch. Weitere kleine Fehlleistungen in der Inszenierung nähren seinen Verdacht, dass es außerhalb seines Kosmos noch eine andere Wirklichkeit gibt, ja, dass jenseits von Seahaven eine weniger harmonische, ungerechte und vielleicht sogar hässliche Welt existiert, die allerdings zwei Vorzüge aufweist: Erstens ist man dort frei, und zweitens ist alles echt.

An diese andere, von Manipulation und Repression geprägte Realität Russlands wurde ich als WM-Zuschauer erinnert. Im Internet, in dem kurze Zeit später die herausgeschnittenen Szenen kursierten, konnte ich mir das Auftauchen der Pussy Riots bestätigen: sie waren wie aus dem Stadionhimmel gefallene Scheinwerfer, die eine Illusion zerstörten.

Die Funktion der Literatur ist die von Pussy Riot: Sie sollte das Nichtkontrollierbare, die jeder manipulativen Verordnung entgleitende Wahrheit zeigen. Denn wie kein anderes Medium kann das Buch die innere Realität und Handlungsfähigkeit des Individuums zur Sprache bringen. Subjektive Innenräume, Figurenperspektiven, ambivalente Gefühle – kurz: das Aufsprengen der Bubbles, dafür kann die Literatur der Zukunft einstehen.

Auch der vierzehn Jahre nach *The Truman Show* vom französischen Cineasten François Ozon gedrehte Film *In ihrem Haus* (2012) stellt die Frage nach der Dringlichkeit von Literatur. Der Film erzählt vom Französischlehrer

Germain, der einen Schüler zum Verfassen von Literatur anstiftet. Der sechzehnjährige Hinterbänkler Claude kommt der Aufforderung nach und legt überraschenderweise einen Aufsatz vor, in dem er detailgenau ein Wochenende mit seinem Freund Raphael und dessen Eltern in deren Haus beschreibt. Germain ist von der akribischen Beobachtungsgabe des Schülers erfreut und motiviert ihn, weiterzuschreiben. So dringt der Schüler immer rücksichtsloser in das Privat- und Intimleben der Eltern seines Freundes ein; er kundschaftet deren tägliche Gewohnheiten aus und analysiert das emotionale Gefüge der Familie.

Wozu, fragt Ozon, ist Literatur da?

Der Schüler Claude ist besessen von der Wahrheit und will dem Glück der harmlosen Familie Raphaels auf die Spur kommen. Sein Schreiben funktioniert ähnlich wie das Fernrohr in Hitchcocks *Rear Window*: Sie bringt ihm die Welt näher und involviert ihn in das Geschehen. Sie macht ihm – und damit auch uns Rezipienten – Lust auf die Wirklichkeit. Denn zuletzt lebt die Literatur von der Lust des Voyeurs, die Erkenntnis und Begehren vereint. Doch wird Claude, der nach dem Geheimnis des perfekten Familienglücks sucht, ironischerweise gerade zum Zerstörer desselben, indem er sich in Raphaels Mutter verliebt und sie küsst. Wäre er doch bei der Beschreibung geblieben!

Die Literatur muss am Lack des schönen Scheins kratzen. In einer Zeit, in der Filterblasen und Echoräume sich wie unsichtbare Scheuklappen um das Subjekt legen, ist der Blick darüber hinaus von größtem Wert. Während die Lügengebäude von autoritären Präsidenten als einzige Wahrheit verkauft werden, wird das Aufzeigen der Realität zum Ziel der Literatur. Sie kann eine Ahnung davon geben, was das wahre, echte und ungeschönte Leben sein könnte.

Von unsichtbaren Uhren und sprechenden Pflanzennamen – Meine Beschäftigung mit Gärten fiel mit den Anfängen meines Schreibens zusammen. Ich war siebzehn, als ich durch meine Freundin die Gelegenheit erhielt, Paris von einer eigenen Wohnung aus zu erkunden. Als eine der ersten Entdeckungen suchte ich die Gärten auf: Den Parc des Buttes-Chaumont, den Jardin Albert Kahn, den Jardin des Tuileries und natürlich den in der Mitte der Stadt liegenden Jardin du Luxembourg, in den ich frühmorgens mit Rilke und Valery im Gepäck aufbrach, um Notizen zu machen. Schnell lebte ich mich in die Aura der verschiedenen Gärten ein, nahm die Unterschiedlichkeit meines Körpergefühls wahr, je nachdem, ob ich mich in einer französischen Gartenarchitektur oder im englisch-romantischen Landschaftsgarten aufhielt. Gleichzeitig war ich mitten in der Stadt, umgeben vom leisen Rauschen des Verkehrs.

In jedem Garten fand sich eine eigene Zeit, in die ich eintauchte. Meine Schritte wurden durch die Wege gelenkt, meine Blicke durch die Perspektive bestimmt, und das Licht und die Farben beeinflussten meine Lektüre. Im Garten zu sein war eine genuin ästhetische Erfahrung, die meinen Körper, meine Sinne und mein Denken mit der Natur zusammenbrachten.

Ohne zu wissen, hatten mich die Gartenbesuche mit ihren synästhetischen Erfahrungen für das Schreiben bereit gemacht, indem sie mir einen Reflexionsraum eröffneten. Nach meiner Vision in Ramatuelle wollte ich einen Roman schreiben, den man wie einen Garten begehen kann, einen Roman als Garten. Daraus wurde mein Erstling, *Die verborgenen Gärten*. Ich erzählte die Geschichte des jungen Manuel Kornell, der in Südfrankreich einen sechzigjährigen, verschrobenen Mäzen namens Leo Brosamer kennenlernt. Brosamer lädt Kornell ein, ein Jahr lang in seiner labyrinthischen Villa zu verbringen, die von einem geheimnisvollen Garten umgeben ist. Zuweilen kommt der Alte zu Besuch, und die beiden führen ausufernde Gespräche.

Worüber?

Über die Geschichte der Gärten. Über die mesopotamischen, griechischen, römischen und mittelalterlichen Mönchs- und Kräutergärten. Natürlich auch über die italienischen Barockgärten, Villa Lante, Villa d'Este, über die pompösen französischen Kunstwerke, Vaux-le-Vicomte, Versailles, Marly, deren kleinere Verwandte ich ja in Paris kennengelernt hatte. In Gesprächen dringen sie über die romantische Revolte, angeführt durch den Schweizer Philosophen Jean-Jacques Rousseau mit seiner *Ferme Ornée*, bis zu den malerischen englischen Landschaftsgärten vor.

Ich schrieb, ohne es zu wissen, gleichzeitig über mich. Über die *Sozialisierung* des Natürlichen. Denn ich fragte mich zeitlebens, was genetisch meiner *tropischen Natur* entsprach und was ich der weißen Mehrheitsgesellschaft, also meiner Sozialisation, verdankte. Es war eine ebenso vertrackte wie waghalsige Gedankenkonstruktion, ähnlich wie Thomas Manns mythologische Geographie, in der die nördliche Seite für Strenge, Zucht und Selbsterhaltung stand, das Südliche für die Laszivität und Kreativität, die zum Selbstverlust führen konnte.

Aber damit war die Dimension der Gärten noch nicht erschöpft: Gartenprospekte entwerfen eine gesellschaftliche Vision des Umgangs mit Trieben, ein Ökologiemodell und ein Sittenbild. Sie verbildlichen die Gesellschaftsordnung ihrer Entstehungszeit. So spiegelte sich in der Anlage von Versailles der Aufbau der absolutistischen Gesellschaft. Die zentrale Macht von Louis-quatorze kehrte wieder in den sternförmig vom Schloss wegführenden

Wegen, durch die der Sonnenkönig alles unter seine Kontrolle brachte. Und die Grenze des Gartens, durch den sogenannten *Ha-Ha* markiert, legte des Königs Wunsch offen, seine Macht in die Unendlichkeit auszudehnen. Auch der malerisch englische Garten, so raffiniert er den Landschaftsszenerien von Claude Lorrain oder Nicolas Poussin folgte, war mit seiner romantischen zweiten Natur das Ebenbild des englischen Liberalismus eines Adam Smith. Das freie Spiel der Kräfte – das behauptet jedenfalls meine Romanfigur Leo Brosamer – kehrte in der Jungfräulichkeit der Pflanzen und dem Wildwuchs der Büsche und Bäume wieder. So wenig wie der Gärtner in die Ordnung der Gewächse, so wenig will der Wirtschaftsliberale in die Ordnung des Marktes eingreifen. Auch eine Geschichte der Sexualität war in den Gärten versteckt, denn jede Gesellschaft ging mit dem Wachstum der Pflanzen – den Trieben – zeittypisch um. Der englische Prospekt entsprach den keuschen Sitten des Viktorianismus, während der französische Barockgarten die vertrackt geregelten Sexualbeziehungen des Adels widerspiegelte.

Gartenanlagen gewähren eine Grunderfahrung an Zeitlichkeit: Jede Pflanze hat ein eigenes Zeitbewusstsein. In ihren genetischen Code eingelagert ist eine unsichtbare Uhr, die das Wachsen, Blühen und Verwelken bestimmt. Von verblüffender Schönheit sind die Nachtkerzen, die sich zu einer bestimmten Stunde in der Abenddämmerung entfalten und zu leuchten beginnen. Woher kennen sie die Zeit? Sie sind wie kleine Uhren, die auf das schwindende Licht reagieren.

Gärten sind auch kryptische Narrationen. Ein Teil der Merian Gärten in Basel bildet das Rhododendrontal, ein anderer den Irisgarten. Der lateinische Name der Blume lautet *Rhododendron hypoglaucum*, der von Iris *Iris ger-*

manica. Andere Pflanzennamen entfalten das sprachliche Panoptikum der Linné'schen Klassifikation: *Eranthis pinnatifida, Prunus subhirtella, Hepatica nobilis.* Die Pflanzennamen verrätseln und verwissenschaftlichen gleichzeitig ihre Träger. Auch die deutschen Namen sind sprechend, wenn wir an Vergissmeinnicht, an Rühr-mich-nicht-an, an Tausendschön und Brennende Liebe denken. *Jede Art von Feigen ist also singulär und nicht austauschbar*, schreibt der Philosoph Byung-Chul Han.

> *So als wäre der Name die flüchtige Chiffre, die den Zugang zum Wesen, zum Sein gewährte, als träfen allein die Nennungen und die Anrufungen mit dem Eigennamen ihr Wesen (…). Es geht, wohlgemerkt, nicht um die Erkenntnis, sondern um die Erfahrung. Erfahren ist eine Art Anrufen oder Wachrufen.*[63]

Es gehört zum Traum des Menschen, mit der Natur eins zu werden. In meinem Roman *Die verborgenen Gärten* ist es die Figur des Gärtners Thersites, der sich im Reich der Blumen einnistet und jede Pflanze in alchemistischer Manier mit einem Planeten und einem Körperteil in Verbindung zu bringen weiß. Denn oft knüpfen die Pflanzennamen an ein uraltes Wissen aus vorwissenschaftlicher Zeit an, in der jede Pflanze auch immer eine Heilpflanze war, sofern man über das zugehörige Wissen verfügte.

In seinem *Versuch über die Gärten* (1776) schreibt Claude-Henri Watelet, dass der Mensch im Garten die Fesseln verliere, die ihn zum Sklaven seiner Geschäfte machen. Watelet formulierte damit eine Utopie, die schon Kant angesichts des Schönen, dem wir mit *interesselosem Wohlgefallen* zu begegnen haben, bedacht hat. In dem nie endenden Versuch, die im Garten angelegte Herkunft als

Paradies zu rekonstruieren, werden Gärten zu arbeitsbefreiten, ja, produktionsfreien Orten, und damit gerade auch zu Zukunfts-Modellen. Wenn wir durch einen Park gehen, sind wir ganz bei uns; Gedanken und Gefühle finden zusammen, und wir werden unserer selbst inne. In der Zukunft wird es darum gehen, dieses Axiom, dass der Leib *in der* Natur und gleichzeitig *selbst* Natur ist, dieses Andere unseres Selbst, zu integrieren.

Aber warum sollten uns ausgerechnet Gärten die so wichtige Erfahrung der Natürlichkeit unserer leiblichen Existenz vermitteln können? Ein Rückgriff auf die Gedanken des Philosophen Gernot Böhme, der eine beeindruckende Naturästhetik entwickelt hat, hilft zur Erklärung. Jede Wahrnehmung der Natur, schreibt er, beginne über die Atmosphäre. Wie wir wissen, setzt sich eine Atmosphäre, zum Beispiel die eines Schlosses, einer Küche oder auch eines Bühnenbildes, aus einer Vielzahl von Faktoren zusammen: Licht, Geruch, Farbe, Ton, Form und Gegenstände. *Die Ästhetik als Wahrnehmungstheorie (...) hat eben damit zu tun, dass man sich durch Umgebungen und Gegenstände affektiv betroffen fühlt (...).*[64]

Die gärtnerischen Synästhesien verbinden sich also mit unserem Innenraum, mit den Gefühlen und den Gedanken. Atmosphären, wie Böhme sie bahnbrechend nennt, sind *intersubjektiv*, sie bringen das Innen und das Außen zusammen. Gärten können also eine neue ästhetische Erziehung des Menschen jenseits der Verwertungszusammenhänge fördern. Und damit den Menschen auf eine ökologischere Zukunft vorbereiten.

Die Schönheit steigert die Lebensqualität, gerade auch die der Natur. Deswegen braucht der Mensch in der Biosphäre Modelle eines *selbstbildenden Umgangs* mit der Natur. Die englischen Gärten, deren zweite Natur eine perfekte und doch artifizielle Mimesis beschwört, bilden eine Idee von Landschaftsgestaltung, die zukunftsfähig sein könnte. Es ginge, schreibt Böhme, *um eine Wiederaufnahme des schon von Marx formulierten Programms einer Humanisierung der Natur, in dem die äußere Natur als anorganischer Leib des Menschen verstanden wird, die als solcher stets unmittelbar sein Befinden mitbestimmt.*[65] Beeinflusst wird der Mensch von Stimmungen und Atmosphären, und Natur-Stimmungen sind in Gärten am deutlichsten.

Entgegen der Redeweise, wonach der, der sein Gärtlein bestellt, sich von der Welt auf sein Privatteil zurückzieht, ist das Anlegen eines Gartens ein Engagement für ein öffentliches Leben, das von der Ökologie ebenso wie von der Schönheit geleitet ist. Wir haben nur eine Natur und nur eine Erde; sie in vielen Farben zu bewohnen ist unsere Aufgabe.

Anmerkungen

1 Im vorliegenden Essayband wird zwischen der Gendersternchen-Schreibweise und der Doppelnennung abgewechselt, um eine sprachliche Variation zu schaffen sowie die Lesbarkeit zu fördern, während gleichzeitig die geschlechtergerechte Sprache berücksichtigt wird.

2 Thomas Buomberger, *Kampf gegen unerwünschte Fremde*. Zürich: Orell Füssli, 2004, S. 71.

3 François Schmid-Bechtel, »›Schweiz fast chancenlos‹: Das sagt Raimondo Ponte vor dem entscheidenden Spiel der Nati gegen Italien«, in: *Basellandschaftliche Zeitung* vom 11. November 2021.

4 Hans Henny Jahnn, *Perrudja*. Frankfurt a. M.: S. Fischer, 1966, S. 6.

5 Guido Bachmann, *lebenslänglich. Eine Jugend*. Basel: Lenos Verlag, 2000.

6 Hermann Burger, *Brenner 1: Brunsleben. Brenner 2: Menzenmang*. München: Nagel & Kimche, 2014, S. 483.

7 Ebd., S. 479.

8 Ebd., S. 204.

9 Ebd., S. 470.

10 Ebd., S. 418.

11 Hermann Burger, *Die allmähliche Verfertigung der Idee beim Schreiben. Frankfurter Poetik-Vorlesung*, Frankfurt a. M.: S. Fischer, 1986, S. 106.

12 Ders., *Brenner 1: Brunsleben. Brenner 2: Menzenmang*, S. 463.

13 Ebd., S. 482.

14 Ebd., S. 484.

15 Toni Morrison, »Vorwort«, in: dies., *Im Dunkeln spielen. Weiße Kultur und literarische Imagination*. Aus dem Englischen von Helga Pfetsch und Barbara von Bechtolsheim, Reinbek bei Hamburg: Rowohlt, 1994, S. 16.

16 Max Frisch, *Tagebuch 1946–1949*. Frankfurt a. M.: Suhrkamp, 1987, S. 26.

17 Morrison, »Vorwort«, S. 36.

18 Ebd., S. 34.

19 Peter Bichsel, »Ist alles gesagt? Der grosse Schweizer Schriftsteller Peter Bichsel wird 90. Ein letztes Gespräch«. Interview mit Sacha Batthyany und Rafaela Roth, in: NZZ vom 18. Januar 2025.

20 Matthias Beilein, »Ist dabei sein alles?«, in: *Literarischer Monat* 29 (2017), S. 5–7, hier S. 5.

21 Ebd., S. 6.

22 Peter von Matt, »›Bildungsbürger‹ ist ein verlogenes Wort«. Interview mit Alicia Romero und Gregor Szyndler, in: *Literarischer Monat* 29 (2017), S. 13–16, hier S. 16.

23 Martin R. Dean, *Die verborgenen Gärten*. München: Hanser, 1982, S. 276.

24 Hans Fässler, *Reise in Schwarz-Weiss*. Zürich: Rotpunkt, 2005, S. 141.

25 Isaak Iselin, *Geschichte der Menschheit*. Herausgegeben von Sundar Henny, unter Mitarbeit von Isabelle Wienand, Basel: Schwabe, 2018 (Gesammelte Schriften. Kommentierte Ausgabe, Bd. 4), S. 39.

26 Ebd., S. 109.

27 Gaiutra Bahadur, *Coolie Woman. The Odyssey of Indenture*. The University of Chicago Press, 2013, S. 44. Wenn nicht anders angebeben, übersetzt vom Autor.

28 Rajiv Mohabir, »Why I Will Never Celebrate Indian Arrival Day«, in: *The Margins* vom 2. Juni 2016.

29 James Baldwin, »Fremder im Dorf«. Aus dem Englischen von Miriam Mandelkow, in: ders., *Fremder im Dorf*, und Teju Cole, *Schwarzer Körper*. Zürich: Kampa, 2024, S. 13.

30 Ebd., S. 11.

31 Ebd., S. 13.

32 Ebd., S. 14f.

33 Ebd., S. 13.

34 Ebd., S. 25.

35 Ebd., S. 9.

36 Baldwin, »Fremder im Dorf«, S. 17.

37 Ebd., S. 39.

38 Daniela Janser, »Zadie Smith. Dem Chaos den klärenden Spiegel vorhalten«, in der WOZ vom 17. August 2017. Vgl. Zadie Smith, »Getting In and Out. Who owns black pain?«, in: *Harper's* vom Juli 2017.

39 Garth Risk Hallberg, »Vergessen, was man zu wissen glaubt«. Interview mit Thomas David, in: NZZ vom 22. März 2016.

40 Edgar Mittelholzer, *A Swarthy Boy*. London: Putnam, 1963, S. 155. In einer Teilübersetzung von Peter K. Wehrli.

41 Ebd., S. 17.

42 Ebd.

43 Ebd., S. 21.

44 Thomas Mann, »Das Bild der Mutter«, in: ders., *Über mich selbst. Autobiographische Schriften*. Frankfurt a. M.: S. Fischer, 1983, S. 152–154, hier S. 153.

45 Hans Fässler, CARICOM Compilation Archive (CCA). Switzerland's Involvement in Slavery and Colonialism, Online-Datenbank: https://louverture.ch/cca/ [Letzter Zugriff: 17.02.25], siehe 1.6.1 Berbice.

46 Bernhard C. Schär, »Warum wir Geschichte neu denken sollten«, in: *Republik* vom 23. April 2018.

47 Keller, Gottfried, *Kleider machen Leute*. Leipzig: Reclam, 1969, S. 23.

48 Ebd., S. 23f.

49 Ebd., S. 23.

50 Walter Benjamin, »Traumkitsch«, in: ders., *Aufsätze, Essays, Vorträge*. Herausgegeben von Rolf Tiedemann und Hermann Schweppenhäuser, Frankfurt a. M.: Suhrkamp, 1977 (*Gesammelte Schriften*, Bd. II.1), S. 620–622, hier S. 622.

51 Vittorio Lampugnani, *Raten Sie, aus welcher Stadt diese Aufnahme stammt?*, in: *Das Magazin* vom 23. Oktober 2018.

52 Gottfried Keller, *Martin Salander*. München: Nagel & Kimche, 2003, S. 6.

53 Valentin Groebner, *Ferienmüde*. Konstanz University Press, 2020, S. 22.

54 Walter Benjamin, »Myslowitz – Braunschweig – Marseille. Die Geschichte eines Haschisch-Rausches«, in: ders., *Über Haschisch. Novellistisches. Berichte. Materialien*. Frankfurt a. M.: Suhrkamp, 1981, S. 33–44, hier S. 40.

55 Walter Benjamin, »Marseille«, in: ders., *Kleine Prosa. Baudelaire-Übertragungen*. Frankfurt a. M.: Suhrkamp, 1991 (Gesammelte Schriften, Bd. IV), S. 359–364, hier S. 359.

56 Michel Foucault, *Die Geburt der Klinik*. Aus dem Französischen von Walter Seitter, Frankfurt a. M.: S. Fischer, 1988, S. 9.

57 Franz Kafka: »Ein Landarzt«, in: ders., *Die Erzählungen*. Herausgegeben von Roger Hermes, Frankfurt a. M.: S. Fischer, 2014, S. 253–260, hier S. 257.

58 Gottfried Benn, »Ein Wort«, in: ders., *Statische Gedichte*. Herausgegeben von Paul Raabe, Zürich: Arche, 2006, S. 39.

59 Theodor W. Adorno, »Wörter aus der Fremde«, in: ders., *Noten zur Literatur*. Herausgegeben von Rolf Tiedemann, Frankfurt a. M.: Suhrkamp, 1981 (Gesammelte Schriften, Bd. II), S. 216–232, hier S. 221.

60 Walter Benjamin, »Einbahnstraße«, in: ders., *Kleine Prosa. Baudelaire-Übertragungen*. Frankfurt a. M.: Suhrkamp, 1991 (Gesammelte Schriften, Bd. IV), S. 83–148, hier S. 131.

61 Gustave Flaubert, *Madame Bovary*. Aus dem Französischen von Elisabeth Edl, München: Hanser, 2012, S. 315

62 Ebd., S. 414.

63 Byung-Chul Han, *Lob der Erde. Eine Reise in den Garten*. Berlin: Ullstein, 2020, S. 69 f.

64 Gernot Böhme, *Atmosphäre. Essays zur neuen Ästhetik*. Frankfurt a. M.: Suhrkamp, 2013, S. 35.

65 Ebd.

Nachweise

»Love Letter« & »›I'm Your Man‹«
Nach dem Essay »Die Eleganz selbstironischer Männlichkeit«, der 2013 im Sammelband *The beat goes on!* im Verlag Langen Müller erschien.

»Mythologica«, »Falsche Heimkehr« & »Wo ist der Ort deiner Träume«
Nach dem Essay »Das nomadische, das hypertrophe und das mythologische Ich. Begegnungen mit Paul Nizon, Hermann Burger und Guido Bachmann«, der 1998 im Sonderband IX von *TEXT+KRITIK* erschien.

»Wie ein Dorftrottel in der großstädtischen Eleganz«
Erstmals erschienen unter dem Titel »Der Mythos Nizon« in *Quarto* 47, 2019.

»Decolonize you«
Erstmals erschienen unter dem Titel »Mein Geschichtslehrer und ich waren der Meinung, dass die Schweiz nichts zum Kolonialismus beigetragen hat« in *Das Magazin* vom 27. Oktober 2023.

»Ferne Verwandte aus Indien«
Erstmals erschienen unter dem Titel »›Indian Arrival Day‹. Verklärung einer Gewaltgeschichte« in der WOZ vom 29. Juni 2024.

»Wörter wie zu große Anzüge«
Erstmals erschienen unter dem Titel »Worte wie zu große Anzüge: Wieso sich politisch korrekte Sprache (noch) nicht für Literatur eignet« im *St. Galler Tagblatt* vom 8. Mai 2021.

»In den Echokammern des Fremden – über James Baldwin«
Erstmals erschienen unter dem Titel »In den Echokammern des Fremden« und mit Co-Autor Robert Leucht in *Das Magazin* vom 23. Juni 2020.

»Plädoyer für die Kreolisierung«
Erstmals erschienen unter dem Titel »Plädoyer für eine Kreolisierung der Schweiz« in der NZZ vom 26. Oktober 2022.

»Das Licht über dem Mississippi«
Erstmals erschienen unter dem Titel »Gespenster der Vergangenheit« in der NZZ vom 11. April 2016.

»Die Austreibung des weißen Blicks, vor den Bildern von Lynette Yiadom-Boakye«
Erstmals erschienen unter dem Titel »Die Austreibung des falschen Blicks« in der NZZ vom 4. April 2015.

»Edgar Mittelholzer. Ein Schweizer Autor der Karibik«
Erstmals erschienen unter dem Titel »Zeit, ihn als Schweizer Autor zu erkennen« in der *Republik* vom 4. September 2024.

»Heimkommen«
Erstmals erschienen unter dem Titel »Nach Hause kommen. Architektur prägt die Identität« in der NZZ vom 26. Dezember 2018.

»Happy fucking whatever«
Erstmals erschienen unter dem Titel »Wie aus mir ein Massentourist wurde, der ich nie sein wollte« in der NZZ vom 21. Oktober 2019.

»In Marseille lernte ich, den Schmutz zu lieben«
Erstmals erschienen unter gleichnamigem Titel in der NZZ vom 3. August 2017.

»Ich liebe dich, aber …«
Erstmals erschienen unter gleichnamigem Titel und mit Co-Autorin Silvia Henke in der NZZ vom 28. August 2016.

»Silberne Rippen im Sprachleib«
Erstmals erschienen unter dem Titel »Was geschieht mit einem Chirurgen, wenn er einen Menschen aufschneidet und in sein Inneres schaut?« in der NZZ vom 25. Januar 2021.

»Die Geburt des Realismus aus dem Geist der Anatomie«
Erstmals erschienen unter dem Titel »Gustave Flauberts Erzählkunst aus dem Geist der Anatomie und Autopsie« in der NZZ vom 22. Dezember 2017.

»Das Intime bei Annie Ernaux«
Erstmals erschienen unter dem Titel »Super-8-Filme aus den siebziger Jahren lassen uns in eine Zeit blicken, als das Intime noch peinlich sein durfte« in der NZZ vom 15. Juli 2022.

»Wenn Sterne vom Himmel fallen«
Erstmals erschienen unter dem Titel »Wo Scheinwerfer vom Himmel fallen, kann die Literatur nicht mehr fern sein« in der NZZ vom 16. September 2018.

Foto: Sven Schnyder © Kampa Verlag

MARTIN R. DEAN wurde 1955 in Menziken, Aargau, als Sohn eines aus Trinidad stammenden Vaters und einer Schweizer Mutter geboren, studierte Germanistik, Ethnologie und Philosophie an der Universität Basel, unterrichtete an der Schule für Gestaltung in Basel und am Gymnasium in Muttenz. Dean ist vielfach ausgezeichneter Buchautor. Zuletzt erschienen *Der Sommer, in dem ich Schwarz wurde* (zusammen mit Angélique Beldner, 2021) und die Romane *Ein Stück Himmel* (2022), *Meine Väter* (2023) sowie *Tabak und Schokolade* (2024). Für Letzteren wurde er für den Schweizer Buchpreis nominiert. Martin R. Dean lebt in Basel.

ATLANTIS

Martin R. Dean

Tabak und Schokolade

Roman

Nach dem Tod der Mutter findet der Erzähler in einer Schublade ein Album mit Fotos seiner frühen Kindheit, die er auf der Karibikinsel Trinidad und Tobago verbracht hat. Als junge Frau hatte sich die Tochter von »Stumpenarbeitern« aus dem Aargau in ein Abenteuer mit einem Tunichtgut der westindischen Oberschicht gestürzt und ein Kind bekommen. Während die übrige Familie bemüht ist, das Gedächtnis an die Jahre der Mutter bei den »Wilden« auszulöschen, macht sich der Erzähler auf, diese Geschichte, die auch seine eigene ist, zu retten.

Tabak und Schokolade führt in den tropischen Dschungel einer britischen Kronkolonie der fünfziger und sechziger Jahre. Indem der Erzähler immer weiter zu seinen indischen Vorfahren, die als Kontraktarbeiter in die Karibik verschifft wurden, vordringt, legt er nicht nur einen Familienstammbaum, sondern auch ein Stück Kolonialgeschichte frei. Dem gegenüber wird die Erinnerung an das Aufwachsen im »Tabakhaus« der Großeltern im Aargau gestellt und die Annäherung an eine Mutter, die zu Lebzeiten stets unnahbar erschien.

»Von einer Reise aus dem mütterlichen Aargau zu seinen väterlichen indischen Vorfahren auf Trinidad bringt Dean, in perlender Prosa, ein reicheres Selbst zurück, als es die meisten auf der Suche in der eigenen Innerlichkeit finden.«

Andreas Isenschmid

ATLANTIS

Angélique Beldner
Martin R. Dean
Der Sommer, in dem ich schwarz wurde

In *Der Sommer, in dem ich Schwarz wurde* begibt sich SRF-*Tagesschau*-Moderatorin Angélique Beldner gemeinsam mit dem Schriftsteller Martin R. Dean auf die Suche nach einer Sprache, in der über und gegen Rassismus gesprochen werden kann. Vor dem Hintergrund ihrer Biographien stellen sie entscheidende Fragen: Wo steht die Schweiz beim Thema Rassismus? Welche Perspektiven, welche Haltungen gibt es? Für wen steht was auf dem Spiel? Angélique Beldner und Martin R. Dean entschieden sich gegen das Wegschauen und das Schweigen und für das Sprechen – miteinander, in der dialogischen Form dieses Buches, und zum Lesepublikum, das dazu eingeladen ist, zuzuhören, hinzusehen und die eigenen Positionen zu hinterfragen.

ATLANTIS

Martin R. Dean
Meine Väter
Roman

Robert ist längst selber Vater, als er sich mit vierzig aufmacht, seinen leiblichen Vater zum ersten Mal zu treffen. Immer hatte er sich eine schillernde Märchenfigur mit silbernem Stock vorgestellt, nun steht er Ray in einem Londoner Asyl gegenüber, ein hinfälliger armer Mann, der seine Sprache verloren hat. Zwei Väter hat Robert jetzt also – und zugleich keinen, denn auch sein Stiefvater Neil, wie Ray aus Trinidad stammend, war während seines Aufwachsens in der Schweiz nie wirklich greifbar. Umso mehr drängt es Robert, endlich die Löcher seiner Biographie zu stopfen. Kurz entschlossen reist er mit dem alten Ray nach Trinidad. Hatte er bis vor Kurzem noch nicht einmal einen biologischen Vater, tauchen hier plötzlich tausend neue Verwandte auf. Allein sie geben nur noch mehr Rätsel auf und führen Robert die tiefe Zerrissenheit der ehemaligen britischen Kolonie vor Augen. Und dann tritt auch noch Neil in Trinidad wieder auf den Plan.

In *Meine Väter* stellt Martin R. Dean die Suche nach den eigenen Wurzeln in den Echoraum der Kolonialgeschichte. In dem mitreißend erzählten Roman blitzen immer wieder auch Zweifel und erfrischend ironische Momente der Selbstbefragung auf: Sind Abstammung, Hautfarbe und biologische Ähnlichkeit wirklich von existenzieller Bedeutung?

»Meine Väter ist ein spannender und bewegender Roman. Identität, zeigt sich, kann man nicht besitzen und festschreiben, sondern nur immer wieder neu erforschen.«
Bettina Spoerri, St. Galler Tagblatt

ATLANTIS

Martin R. Dean
Ein Stück Himmel
Roman

Drei Jahre haben sie sich nicht mehr gesehen, ein schrecklicher Unfall bringt sie wieder zusammen: den Arzt Florian Füssli und den Künstler Samuel Butt, der nach einem Sturz gelähmt ist. Florian will seinen Freund aufrichten und gleichzeitig verstehen, was eigentlich vor drei Jahren passiert ist. Samuel ist damals mit einem Kunststipendium nach Rom gegangen, und plötzlich brach der Kontakt ab.

Ein Stück Himmel stellt existenzielle Fragen nach Freundschaft und Liebe, Leben und Tod, nach Nutzen und Grenzen der modernen Medizin – ein ebenso beklemmender wie leichtfüßig erzählter Roman mit einem verblüffenden Showdown.

»Das Buch ist eine Art Sehnsuchtsroman, der von verlorenen Paradiesen erzählt und von einem mächtigen, wenn auch unstillbaren Verlangen nach Erlösung.«
Roman Bucheli, Neue Zürcher Zeitung

»Den Zustand zwischen Hoffnung und Verzweiflung beschreibt Dean derart eindringlich, dass ihm die Anteilnahme der Leser gewiss ist.«
Maria Frisé, Frankfurter Allgemeine Zeitung